网络评论方法论

贺永祥——主 编　王小杨——副主编

民主与建设出版社

· 北京 ·

图书在版编目（CIP）数据

网络评论方法论 / 贺永祥主编 ；王小杨副主编 . --
北京 ：民主与建设出版社，2024.4

ISBN 978-7-5139-4566-0

Ⅰ . ①网… Ⅱ . ①贺… ②王… Ⅲ . ①互联网络—舆
论—研究 Ⅳ . ① G206.2

中国国家版本馆 CIP 数据核字（2024）第 068904 号

网络评论方法论
WANGLUO PINGLUN FANGFALUN

主　　编	贺永祥
副 主 编	王小杨
责任编辑	宁莲佳
装帧设计	张雅蓉
出版发行	民主与建设出版社有限责任公司
电　　话	（010）59417747　59419778
社　　址	北京市海淀区西三环中路 10 号望海楼 E 座 7 层
邮　　编	100142
印　　刷	三河市天润建兴印务有限公司
版　　次	2024 年 4 月第 1 版
印　　次	2024 年 4 月第 1 次印刷
开　　本	710 毫米 ×1000 毫米 1/16
印　　张	10.5
字　　数	170 千字
书　　号	ISBN 978-7-5139-4566-0
定　　价	58.00 元

注 ：如有印、装质量问题，请与出版社联系。

主办单位： 中央网信办网络传播局　中央网信办网络社会工作局
　　　　　　 教育部思想政治工作司　全国总工会网络工作部
　　　　　　 共青团中央宣传部　全国妇联宣传部

承办单位： 湖南省委网信办　湖南省教育厅　湖南省总工会
　　　　　　 共青团湖南省委　湖南省妇联

执行单位： 湖南红网新媒体集团　长沙市委网信办

支持单位： 中国互联网发展基金会

— 策 划 —

贺永祥

— 出 品 —

肖世锋　谢　浩

— 主 编 —

贺永祥

— 副 主 编 —

王小杨

— 编委成员 —

姜　媚　陈晓丹　刘　纯　陆小红

彭　鹃　段新龙　陈海波　黎　娜

周逸峰　芦　静　梁丽芳　易添麒

序 言
PROLOGUE

◆ 张涛甫

　　加强互联网内容建设，讲好中国故事，发出中国声音，是过好互联网这一关的必由之路，也是以网络评论传递正能量，助力中国式现代化建设的重要起笔。网络评论，作为观点表达和意见呈现的重要媒介，在由互联网广域连接的新时代，承载着互联网内容建设的重要使命，浸润思想，传递价值，凝聚共识，壮大主流。

　　2022年4月，作为第一个全国性的网络评论大赛，"好评中国"在湖南长沙盛大启航，这是国内网络评论界的一个标志性事件。"好评中国"不仅在于"评"，更在于"好"，通过"好的评论作品"传递主流价值，讲好中国故事，传播正能量，彰显思想的力量。

　　湖湘大地，评论渊源深厚，政论名家辈出，从屈原以《离骚》明志、贾谊著就《过秦论》等"西汉鸿文"，到毛泽东创办《湘江评论》激扬文字，发出"湘江的吼声"，唤醒现代中国。"好评中国"在湖南出水，新声夺人，不同凡响，得到了广泛的专业和社会"好评"。

　　两年来，"好评中国"胸怀"国之大者"，始终以习近平新时代中国特色社会主义思想为指导，坚持正确的政治方向、舆论导向、价值取向，以深刻的思考、创新的话语、新锐的表达，沉入时代腹地，从时代地心，引领广大网民与祖国同呼吸共命运，凝聚起团结奋进的磅礴力量，导出思想的岩浆和情感的地热，推动网络评论高质量发展。在如何生动讲述奋进中国的伟大实践，把每个人的"微梦想"与时代大主题紧紧联系在一起，形成同频共振、团结奋斗的更强合力上，"好评中国"有其重要的时代价值与实践意义。

好的评论作品，其内核必定是呼应时代、深入生活、熨帖人心的。从"新时代 新征程 新青年"到"点点星火 汇聚成炬"，"好评中国"着眼于党的创新理论宣传，以习近平新时代中国特色社会主义思想为指引，深入学习宣传贯彻党的二十大精神，生动反映以中国式现代化全面推进中华民族伟大复兴的理论逻辑和实践逻辑。围绕这些重大主题，广大网民及各行各业的参与者扎根大地，直面关切，理性述评，以生动实践诠释真理伟力，让真理的"甜"味沁润人心，以此塑造起共同的信念认同，画出凝聚人心共识的最大同心圆。"好评中国"无疑实现了一次正能量的现象级传播。

当然，"好评中国"也是一次网络评论工作的创新。除了既定征集方向，大赛组织者围绕主题教育、文化传承、网络强国、思政教育等重大热点话题，以及重大活动节点，推出了一系列精品策划，如"好评中国·青年漫评系列""好评中国·锦言锦句""好评入画""网络评论方法论"。这些网络评论作品时效性强，切合时代，创新了表达形式，丰富了网络评论的话语，尤其是青年评论员制作的融媒体评论，令人耳目一新。这些形成了网络评论工作的大合唱，彰显了以网络评论讲好中国故事的价值。

成事之道，要在方法。好的评论作品，是引领思想的重器，是打开思想"阀门"的金钥匙，是凝聚人心的"强磁石"。而创作好的评论作品更需要方法论。"好评中国"作品征集范围广，涉及各领域；征集形式多元，有文字、视频、漫画。无论是专业评论员，还是业余评论爱好者，都能找到畅所欲言的话题，选择自己所擅长的表达形式、表达观点，从而进一步在实践中培养评论意识、涵养评论精神。大赛从征集到评选贯穿全年，这也是参与者学习、交流的过程，通过线上线下的相互学习、以文会友，形成比较浓厚的业务交流氛围，扩大了网络评论的价值边界，拓展了网络评论的朋友圈。更重要的是，这些关于网络评论写作的心得、成果，汇聚了不同人群的智慧。这些不同维度的经验、方法，于网络评论工作而言，都是十分宝贵的精神财富。

如今，新传播技术不断迭代，人工智能开启了一个全新的网络评论空间，这些给我们身处的时代带来了更多的思想能动性和表达活性，无穷的远方、无数的人们都与我们有关，能见度和可及性前所未有的拓展、延伸，海量的目光和声音，汇成浩瀚的公海。评论不再是少数精英的专利，而是普罗大众的公器。如何在新时代进一步彰显评论的力量、思想的力量，"好评中国"给了我们许多范例与方法。而作为大赛执行团队的红网，其创办的"红辣椒评论"已成为新闻评论业界备受关注的栏目，近年来又推出了具有一定覆盖面和影响力的"青椒计划"，在这里既有资深评论员的健笔，也有雏凤的新声，网聚了一大批活跃的评论写手，群口众声，多声部合唱，汇成时代的交响。

这些成果、经验汇编成《网络评论方法论》，将写作者的经验、心得、感悟集腋成裘，散发着瓣瓣心香，闻香识美文，我们希望通过这种互动交流，形成"中国好评"，玉成评论品牌。

（作者系复旦大学新闻学院院长、教授、博导，复旦大学发展研究院副院长，教育部长江学者特聘教授，教育部新闻传播学类专业教学指导委员会副主任，《新闻大学》主编。）

目 录
CONTENTS

03 观点，何以有理有力？

04 谋篇布局，何以巧新？

[05 表达，何以情理兼容？

[06 全媒体评论，何以走"心"更走"新"？

[07 网络评论创作，何以守住规范？

01

好的评论，
　　何以被期待？

在"日日新、月月新、年年新"的时代维度之下，写有所思、写有所悟，网络评论创作就是青年群体检验知识储备和提升文字功底的"考场"。

——《中青网评·笔短情长，以"好评中国"遇见更好的时代》

让每一篇好评论都成为"一束光"，引领亿万网民"追光前行"。

——《太阳鸟时评·让每一篇好评论都成为"一束光"》

向上向善向美的网络评论作品，就是拨开网络迷雾的指路明灯，蕴含着强大的正能量，可以散发出璀璨的思想之光、正义之光和温暖之光。

——《江右时评·以"评"聚光，为拨开网络迷雾指路导航》

锦言锦句

评论写作，入世的思维体操

◆ 张涛甫

评论写作作为入世的思维体操，是门古老且长青的智性技艺。此前多由精英操持，如今，写作的分母越来越大，成为盛大的广场和喧嚣的市场，声音嘈杂，飞短流长，自然会严重稀释重金属的声音，也会拉低评论写作的技艺浓度。一个社会的观念水位，一定不是由分母级的言说标志的，而是由分子级的观念标志的。在我看来，"好评中国"即是一个致力于打造网络时代"分子级"言论平台的典型样板。通过"好评中国"，打造出一批声口不凡、风荷出水的评论新手，雏凤胜似老凤声，充满朝气、锐气，有他们在，不怕网上口水多，就不太担心分母级言论的喧嚣和芜杂，只有把分子做大，才有底数和资本去抵抗、对冲乃至引领。

评论写作，问题意识不可少。如果新闻评论缺乏对问题的敏感，评论就可能成为一具空壳。没有问题意识，即便有问题的新闻和信息出现在你的面前，你也看不出问题来。新闻评论的选题来自公共生活。缺乏公共性，缺少公共关切，选题可能就沦为个人化的盆景、茶杯里的风波。新闻评论作者须有一双慧眼，明察秋毫，见微知著，穿越表象，于无疑处存疑，冷眼旁观世事喧嚣，在冰冷人情中保持热心。

在互联网语境下，舆论"流动性"严重过剩，资讯泛滥，热点生生不息。在这个语境下，新闻评论若要找个选题并不难。网上到处冒泡的话题俯拾皆是，随意拿过来成为评论的话题，没什么价值。网上很多讨论区，话题多，多数话题是

---

* 本文 2022 年 5 月 27 日发表于红网。

口水式的，没什么营养，三五成群扎堆，叽叽喳喳，口水多，成色不高。这些话题形成不了公共话题，社会关切度也不会太高。找话题不难，难的是找出有质量保证的选题。话题来自社会，但需要提炼和加工。高质量的话题是从一些普通的话题中提炼出来的，选题来源于生活，又高于生活。评论员不能人云亦云，把自己的观念水位停留在社会平均值的层次上，应从日常中看出不寻常，从平淡中见奇绝。

评论员找选题，不能随波逐流，顺着公众的思维惯性，被习惯推着走，而应跳出惯性思维，跳出流俗眼光，在习焉不察的现象中发现与众不同的问题。评论员也要警惕那个让自己"很舒服"的角度，舒服意味着"熟悉"和"固定"，就会固化为惰性的角度，从而遮蔽"看到另一种可能"的差异思维。选择那个让自己"不舒服"的角度，才能学到新东西，进入让自己"不舒服"的角度，才能看到新角度。想要无可取代，就必须与众不同——敢于不同，敢于在一片喧嚣中打捞沉默的声音。

有了评论选题，就像选矿，找到了一块矿料，但究竟能从这块原料中凿出什么东西，把它加工成什么东西，需要进入深加工环节。加工的第一步，就是要选好角度。新闻评论的视角问题，不仅意味着看问题的角度和站位，还意味着思维的方式和质量，寻找评论"好望角"，需要打破思维定式，换一种角度和方式去思考问题，忌讳从众思维，能跳出众人的思维交集，超越问题的共相，看到问题的殊相。人们总是喜欢待在自己思维的"舒服区"，目力所及的是人人皆能看到的风景，思维所及的，是人人习惯性想到的观点。评论员不能局限在众人的认知半径里。

新闻评论是观点性的文体。评论人见他人之未见，发他人之未发，为意见公共市场提供新的观点，进而提升"观念的水位"，这是新闻评论人的追求。

新闻评论是一种公共说理，就是通过一套有说服力的说理，将论点有逻辑地展示出来。说理的三个基本组成部分是"主张""理由"和作为二者之间中介的"保证"。英国哲学家和教育学家图尔敏提出了一种可以用来说明说理特征的非形式逻辑论证模式（也称为"图尔敏模式"）。这个模式由六个要件构成：主张（claim）、保证（warrant）、论据（evidence）、支持（backing）、限定（qualifier）、反驳（rebuttal）。相对于此前的三段论说理模式，图尔敏模式要更为全面。图尔敏模式，把受众预设为有待说服的中立的第三者。它认为，说理中所有的主张理由、中介保证、理由的理由、对保证的支持等，都是可以由对方诘问和质疑的，说理一方必须为此做好准备；再者，决定说理一方是否有理的是中立的第三方，而不是自己一方或反对一方的"粉丝"。在图尔敏模式中，"论据"是支持"主张"中的理由的，而"支持"则是支撑"保证"的。有时候，特别是需要考虑受众疑问时，需要对说理的某些部分加以特别说明和支持，这是图尔敏模式的特殊洞见。图尔敏模式中的六个要件，并不需要在说理中悉数出场，但主张、论据、保证和支持是不可或缺的。

新闻评论通过说理过程将论点送达受众。这个说服过程，需要展示论据的说服力以及论证的强度。如果论证强度不强，主张与论据之间是弱关联，说服效果就不好。论证强度与论证链条相关，但强度的重心在论证效果上。有的评论不够紧致，逻辑强度弱，说理欠充分；有的评论严丝合缝，说理有力，逻辑周延，说服力强。

方法 | METHOD
"大事看评论"是公众对新闻产品的刚需

◆ 沈彬

网络评论，是新闻的旧样式，也是基于网络传播的新产品。要打造好网络评论这个互联网新产品，评论人应该有"产品经理"的意识。写作是智力创作过程，也是一个产品生产的过程，需要我们认真把握网络评论产品的用户心态、传播规律，完成从报纸的"楷体字"评论向赛博空间评论的转换。

从网络应用场景以及"客户体验"角度来说，用户面对突发性公共事件、争议性问题，有着急迫的表达需求，而这种需求往往是通过转发广义上的言论产品实现的。网络评论天然具有态度鲜明、立场坚定等特征，相较其他新闻产品有着更强的态度感，所以，"大事看评论"是公众对新闻产品的刚需，也是机构媒体当仁不让的责任所在。在关键时刻，不失声，不缺位，提供鲜明的观点，满足公众传情达意、宣泄情感的需要。

新媒体的最大特色之一在于"受众赋权"，受众不再是过去被动的"单向度"信息接收者，而逐步成为信息生成、信息传播的主力军。新闻评论产品，要积极回应公众的"可交付""可表态"的诉求，反过来说，每每出现大事件之后，评论产品能形成刷屏效应，也说明这些新闻产品正好满足了公众的"交付"刚需。

习近平总书记强调"要抓住时机、把握节奏、讲究策略，从时度效着力，体现时度效要求"，这为新时代做好党的新闻舆论工作确立了基本原则和方法论指导，也当然是网络评论工作的方法论指导。

---

* 沈彬，澎湃新闻首席评论员。本文 2022 年 6 月 6 日发表于红网。

首先，评论引领舆论，要体现在"时"上，就是速度。要在弄清事实、站稳立场的情况之下，走在舆论形成的前头，只有领跑才能引领舆论。2020年8月11日中午，新华社刊发了有关习近平总书记对制止餐饮浪费行为作出重要指示的新闻。澎湃新闻马上组织撰写相关评论《节约每一粒粮食：居安思危，惜食有食》，在下午3点前刊发，成为主流机构媒体中第一篇相关评论，短短两个多小时，就完成了写、编、审、校的流程，该评论也起到了非常好的舆论引领作用。

快发、早发，才能占据互联网传播的上风位。网络评论早发与晚发，相差可能只有一个小时，却有着领跑者和跟随者的差别。很多公共事件的权威的信息披露，往往发生在深夜，甚至是凌晨。新闻事件在"加夜班"，需要评论人拿出十二分的敬业精神，及时回应，及时推出新闻产品。

其次，要让网络评论引领舆论，需要一定"量"的支撑，也要把握好"度"。既要通过发表的"量"达到传播的"效"，通过宽频道、大版面，实现广覆盖；也要把握好"度"，避免被舆论"牵着鼻子走"。

2020年杭州来女士被害案，公众关注，案情迁延，其中也出现了"凶杀娱乐化"、误认为警方办案不力等舆情。针对这些情况，澎湃新闻适时发声，针对舆论场里的"新动向"，一事一议，先后发表《19天的搜寻，是对生命的敬畏、对犯罪的震慑》《来女士失踪案也是一堂新闻伦理课》《"失踪女子案"：说与不说的边界是良心、国法》《把"杀妻案"娱乐化是对生命的不尊重》等评论，做到有的放矢，箭无虚发。摆事实，讲道理，将案件的舆情引向尊重生命、尊重法治，既是亮明负责任的媒体的态度，也是发挥引领作用，避免舆论在泥坑里狂欢。

从新闻产品的角度，从传播规律的角度，做到适时发声，有效发声，精准把握时机和节奏、力度和分寸，到位不越位。对于敏感事件应及时、适时表态引领，有态度、有温度、有高度，受众是会感受到媒体的品格的，也会提升媒体的公信力。

舆论场在改变，评论人的写作也需要改变。应做到跟上世风人情，跟上新的传播渠道、应用场景，从立论之初，就站在打造新闻产品的角度，把握时度效，让网络评论更有力量。

方法｜METHOD
评论的力量，同样在于改变世界

◆ 王小杨

那个时代，于世界局势风云变幻之际，中国新民主主义革命恰如一声春雷，炸响了大江南北。

有一批人惊醒了，他们创办报刊，宣传浩浩荡荡的新思潮，他们在急切等待胜利的暗夜，发出一声声怒吼。

从此前各界有识之士从器物、制度、文化的多重层面，呼吁改良、革命，纷纷寻求救亡之路，到"五四"以新文化运动推波助澜，伴随此间不息的论争，历经深重苦难的古老国度，也迎来了胜利的曙光。

作为观点的表达、自我的实现、价值的探求，评论无论如何演变分化，是否有力，都始终是人们参与社会变革的途径，自然也是反映一个时代发展的标尺。而至少在那个时代，在那波澜壮阔的思想憧憬与时代变革的交织中，我们隐约看到了评论的力量，因寻求人的解放而显得异常鲜明。

这一切的重要源头，显然是《湘江评论》的创办。这份只存续了一个月、发行了四期（另有一期增刊）的周报，以"改造中国与世界"的胆识与远见，在当时宣传新思想的数百种报刊中脱颖而出，成为"预知世界趋势和湘中曙光"的窗口，影响了郭亮、向警予等一批新青年，走上了革命道路。

马克思说，哲学家们只是用不同的方式解释世界，而问题在于改变世界。同样，在青年毛泽东主编《湘江评论》，以及以此开启的新闻评论实践中，我们看到评论的力量，显然也在于改变世界。

---

* 王小杨，湖南红网新媒体集团编委、理论评论中心主任。

　　因为评论是否有力量，从来不是一个伪命题。尤其是在社会变革转型的节点，纵观毛泽东这一批马克思主义政论家的新闻实践，我们发现评论不仅是改造思想的工具，也是改变世界的路径。

《湘江评论》旧址

　　评论有力量，就在于扎实研究实事和真理，"踏着人生社会的实际说话"。

　　《湘江评论》是条分界线。

　　在此之前，青年毛泽东就已下定决心走出校门，欲读懂"无字之书"。1916年5月，毛泽东冒雨从湘潭县步行至湘乡县四十都东冲，留宿同学家，完成了第一次"游学"。

　　1917年，毛泽东同萧子升各带一把雨伞以及文房四宝，不带分文而靠给人写对联、代人写信，换些盘缠，开启了第二次"游学"。历经一个多月，步行900

多里，走遍长沙、宁乡、安化、益阳、沅江诸县，深入湖南农村，与知识分子、农民、商人、地方官、寺庙方丈交流，查阅县志，了解湖南实际情况与农民实际生活。

身无分文的青年毛泽东，一个多月的时间里，与农民吃住一起，受到了热情的款待和欢迎。与农民们聊家常生计，他们告诉这位也说农家话的读书人，政府的盘剥使许多人走投无路，甚至参与暴动，毛泽东被深深触动。

正所谓"欲从天下国家万事万物而学之"，以向社会学习，向百姓学习，向大本大源处探讨，践行"改造中国与世界"的宏伟志向，青年毛泽东说到做到了。

当他的志同道合者，纷纷远渡重洋，赴法国"勤工俭学"，毛泽东却选择深入基层调研，只因感到更需要掌握具体国情。如他所言，"吾人如果要在现今的世界稍为尽一点力，当然脱不开'中国'这个地盘。关于这地盘内的情形，似不可不加以实地的调查及研究"。

于是，这些游学的经历，以及扎实研究实事和真理的迫切愿望，变成了他在《〈湘江评论〉创刊宣言》中的呼喊——"世界什么问题最大？吃饭问题最大。什么力量最强？民众联合的力量最强。"

无论是《〈湘江评论〉创刊宣言》，还是他最有力的檄文《民众的大联合》，抑或是临时增刊第1号上发表的《健学会之成立及进行》，都深深烙上了立足实际而探求真理与研究问题的意识，一改先前思想界的空洞之风。

他借"健学会"的成立，揭批了当时的思想界陋习，强调"能见之于事实"。一句"踏着人生社会的实际说话"，展示了毛泽东评论注重实际调研的鲜明特色。

如他欣赏并受之影响的梁启超，尽管宣扬了一个"大写"的人，却也仅着力于人们观念思想的启蒙，为他政治诉求找准价值实现的伦理基点。

梁启超在《新民丛报章程》中说，"中国之所以不振，由于国民公德缺乏，智慧不开，故本报专对此病而药治之，务采中西道德以为德育之方针，广罗政学理论，以为智育之原本"。从那些推进变法的出版物里，足以窥见一味地"耗矣哀哉"，一味刺激他人感情，"办学堂""办自治""请开议会"，也多是为了凑凑热闹。

《湘江评论》被查禁之后，毛泽东继续主编报刊及撰写评论，执着于"踏着人生社会的实际说话"的信念。1927年他回到湖南，历时32天写下了《湖南农民考察报告》，意在回复党内外对农民革命斗争的责难，指出了右倾机会主义者宁愿放弃农民同盟军而迎合反动潮流的错误认识，引发广泛关注。

之后的长冈乡调查、才溪乡调查，都是实实在在深入群众的调研。新中国成立后，他多次提及想"骑马调研"，后因为美国入侵越南而作罢。1960年毛泽东的专列过济南时，他对身边人说："我就是想骑马沿着两条河走，一条黄河，一条长江。如果你们赞成，帮我准备一匹马。"

我们都说毛泽东的文章是一座不可逾越的高峰，而这座高峰的起点，显然是他对"引入实际去研究实事和真理"的矢志不渝。以此观照，当今一些人写评论，热衷于材料组合，热衷于空洞概念，远离了生动的社会实践，或者只为了完成任务，搭建一个所谓的"写作班子"闭门造车，这又如何能写出有力量的文字呢？

那些躺在"党八股""网八股"温床上不自知的人，也该醒醒了。

评论有力量，就在于敢于斗争、善于斗争，掌握破与立辩证统一的论证方法。

毛泽东不是一个天生的马克思主义者。

从毛泽东为《湘江评论》撰写的40篇激情澎湃的文字中，我们看到了他从前期受康梁影响的唯心主义者，彻底转变为唯物主义者，深知改变世界须得依靠群众的力量，为成为一名真正的马克思主义者铺平了道路。

他接受马克思主义，不是像一些人仅靠捧着书本学来的，而是因斗争的需要，从研究实际中领悟的。

一方面，正所谓"用钝刀子割肉，是半天也割不出血来的"，斗争需要胆识。毛泽东的评论以"敢言"著称，直指问题要害，痛击反动势力。

如《〈湘江评论〉创刊宣言》所昭告天下的，"自'世界革命'的呼声大倡，'人类解放'的运动猛进，从前吾人所不置疑的问题，所不遽取的方法，多所畏缩的说话，于今都要一改旧观"。

要一改旧观的问题，或要打倒的强权，涉及宗教、文学、政治、社会、教育、经济、思想、国际等领域，这些强权"丝毫没有存在的余地"。

当年的激扬文字，似乎穿越了时空，依旧响彻湘江两岸——"什么不要怕？天不要怕，鬼不要怕，死人不要怕，官僚不要怕，军阀不要怕，资本家不要怕"，读罢给人斗争的力量。湘江边上的这一声声"怒吼"，不仅展现出了青年毛泽东"改造中国与世界"的强烈愿望，也传递出了一种无所畏惧、敢于斗争的革命气概。

评论的力量在于敢言，于众声喧哗中拿出辨别是非的勇气，维护自己的既定立场与核心价值，不人云亦云。在于将信念融于自己的表达中。

另一方面，毛泽东也非一般的政论家，而是一位拥有战略思维的政治家。他写政论也是为了革命，揭批反动势力。在他的文字里，我们可以领略到立意高远却又具策略性的思考。这种策略性，又主要体现在他灵活地应对不同对象。

首先，他区别对待批判对象。对于帝国主义和封建军阀的批判坚决不含糊，火药味十足。

在《德意志人沉痛的签约》一文中，毛泽东揭露了帝国主义的侵略本性，没有什么"人道""公理"可言，只不过一方的"国际强权"打倒另一方的"国际强权"。在《证明协约国的平等正义》《可怜的威尔逊》等文章中，他更加尖锐地指出，美、英、法、日等出席巴黎和会的这些国家，"满嘴平等正义""国族自决"，实是"一类的强盗"，他们在乎的是分赃多少。

与反帝反封建不一样，毛泽东对旧文化传统的批判，要温和得多。如他在《不信科学便死》中这样写道："两星期里，长沙城里的大雷、电触死了数人。岳麓山的老树下一个屋子里面，也被电触死了数人。城里街渠污秽，电气独多，应建高塔，设避雷钟（针）数处。老树电多，不宜在他下面筑屋。这点科学常识，谁也应该晓得……有些还说是'五百蛮雷，上天降罚'。死了还不知死因。可怜！"显然，语气及措辞远不如对帝国主义和封建军阀的批判激烈。

其次，注重突出典型案例，以解剖麻雀的方式，明晰事物内部规律，依据规律得出应对之道。1919年11月14日，在湖南长沙，一位眼镜店老板的女儿赵五贞，因不满买卖婚姻而自杀于花轿之中。毛泽东了解事件原委后一连在报刊上发表了10篇评论，猛烈抨击了封建婚姻制度，呼吁砸碎套在广大妇女身上的道德锁链。诸如此类以典型案例剖析，显然增强了评论的力量。

再者，他还重视在斗争中团结广大民众。因为在他看来，辛亥革命失败的原因之一，是民众"若观对岸之火，熟视而无所容心"。

毛泽东站在农民、工人及其他阶级劳动人民的立场上，思考着他们所遇到的现实问题，尤其是受到的压迫，启发他们去思考，去维护自己的权利。

在《民众的大联合》一文中，他对农民朋友说，"种田的诸君！田主怎样待遇我们？租税是重是轻？我们的房子适不适？肚子饱不饱？田不少吗？村里没有没田作的人吗？这许多问题，我们应该时时去求解答。应该和我们的同类结成一个联合，切切实实彰明较著地去求解答。"

与梁启超"启民智"不同，毛泽东的"民众观"从一开始，就是深入群众，从群众的利益出发，寻求他们的拥护与支持。正如他所言："我们知道了！我们醒觉了！天下者我们的天下，国家者我们的国家，社会者我们的社会。我们不说，谁说？我们不干，谁干？"这种信念，也成了他的评论的基本立场之一。

从方法论上说，毛泽东的评论写作，不是简单的逻辑推导，而是于人生社会的现实生活中获得事实。他的观点不仅有研究实事的根基，也有立于事实之上的批评锋芒，实现了破与立的辩证统一。他的评论与他的革命实践融为一体，于是评论成了斗争艺术，也变得富有激情从而更有力量。

在破与立的辩证统一中，毛泽东渐渐树立了对马克思主义的坚定信仰。这也启示我们，理论从来不是纸上得来，从来不是概念推演得来，而是从实际生活中探求而来，在斗争中总结经验而来，同样，评论若要有力量，须回应时代之问、挺立时代潮头。

评论有力量，就在于多些鲜活表达和思想增量，展示出独具一格的宏大气派。

马克思在《黑格尔法哲学批判》导言中说："批判的武器当然不能代替武器的批判，物质力量只能用物质力量来摧毁；但是理论一经掌握群众，也会变成物质力量。"同样，评论一经掌握读者，也会变成物质力量。

接着马克思又说："理论只要说服人，就能掌握群众；而理论只要彻底，就能说服人。所谓彻底，就是抓住事物的根本。而人的根本就是人本身。"这显然指出了理论掌握群众的关键，就是抓住"人"这个根本。

那评论又何以抓住读者这一根本呢？换言之，又该拿什么去理解读者、连接读者、影响读者？

一是要有鲜活表达。毛泽东评论语言的鲜活，在于通俗化，尤其是故事化。《湘江评论》创刊的那个年代，百姓受教育程度低，若沿袭传统知识分子的文言风格，可能没有几个百姓能够读懂，即使文字上再深刻有力，于现实也没有多少意义。

毛泽东的文字通常善于运用精准的故事，说到民众的心坎上，使民众感同身受。正如他所说："吾们讨论各种学理，应当傍着活事件来讨论。"

《湘江评论》第1号中的《走昆仑山到欧洲》一文，他是这样描述的：张元奇又说："什么讲求新学顺应潮流，本席以为应宗孔逆挽潮流。"不错不错！张先生果然有此力量，那么，扬子江里的潮流，会从昆仑山翻过去。我们到欧洲的，就坐船走昆仑山罢。

同时他也注意讲一些民众熟悉的关心的事，把民众的利益放在第一位。毕竟，舆论斗争不是抽象的，而是具体且现实的。引导舆论不仅要"傍着活事件来讨论"，更要认识到舆论本身就是一个"活事件"。

二是要有思想增量。观点从来不虚。评论的背后，是理论较量，是知识较量。

真正能影响舆论，发挥改造世界的力量的评论，往往具有理论的深度，具有一定的知识密度。要不然尽是一些"口水话"，也难以启发人。毛泽东的文字通俗，常用农民工人的话语，却远不止于此，还将所要表达的核心观点植入其中了。

如在增刊1号《健学会之成立及进行》一文中，他对思想界的现状进行了高度提炼，说此前的思想，是"自大的思想""空虚的思想""'中学为体，西学为用'的思想""以孔子为中心的思想"，每一类概括都精要地给出了论证，从古至今的事实信手拈来。"湖南讲求新学二十余年，尚没有崭然的学风。湖南的旧学界，宋学、汉学两支流，二十年前，颇能成为风气。二十年来，风韵尚未尽歇"，这一句话足以概括当时湖南思想界发展的脉络。

从整体上说，《湘江评论》尽管只发行了四期及一期增刊，可涵盖的主题、知识非常丰富。"西方大事述评""东方大事述评""湘江杂评""新文艺""放言""湘江大事述评"，一系列特色专栏，形式多样，内容涵盖国际、国内，宣传各类新思想。

让你的观点成为一帧网页，与世界做更多的连接，以此摆脱"思考的幻觉"。这要具备知识转化的能力，管理好自己的"知识库"，或者优化自己的知识体系。而优化知识体系、实现"思想的增量"的前提，就是必须有它的核心框架。在这里，这个核心框架，无疑是马克思主义哲学。

三是要有宏大气派。毛泽东说："文章须蓄势。河出龙门，一泻至潼关。东屈，又一泻至铜瓦。再东北屈，一泻斯入海……行文亦然。"他的文章自然有一股排山倒海、摧枯拉朽的气势。

先看几例，他在《〈湘江评论〉创刊宣言》中说："时机到了！世界的大潮卷得更急了！洞庭湖的闸门动了，且开了！浩浩荡荡的新思潮业已奔腾澎湃于湘江两岸了！顺他的生，逆他的死。如何承受他？如何传播他？如何研究他？如何施行他？"

他在《民众的大联合》的结尾处写道："诸君！诸君！我们总要努力！我们总要拚命的向前！我们黄金的世界，光华灿烂的世界，就在前面！"

在《湘江评论》之后的评论写作中，毛泽东那股磅礴凌厉的文气，始终进发于字里行间，如海之波涛，读来令人振奋、震撼。尤其是，他的文字中形象生动、故事化的特色日益鲜明。譬如：

"帝国主义和一切反动派都是纸老虎。"（《一切反动派都是纸老虎》）

"我们说，长征是历史记录的第一次，长征是宣言书，长征是宣传队，长征是播种机。"（《论反对日本帝国主义的策略》）

"革命不是请客吃饭，不是做文章，不是绘画绣花，不能那样雅致，那样从容不迫，那样温良恭俭让。革命是暴动，是一个阶级推翻另一个阶级的暴烈的行动。"（《湖南农民运动考察报告》）

"真正的铜墙铁壁是什么？是群众，是千百万真心实意地拥护革命的群众。"（《关心群众生活，注意工作方法》）

这样的案例非常多，语言生动、想象丰富，在类比中观点得以强化，富有气势。声如金石，振聋发聩，他的文章何以如此有气势？

一是他学贯古今、博通中外，从博大精深的中华优秀传统文化吸收了无比丰富的政论资源、文化资源。毛泽东一生爱读书，十分欣赏西汉贾谊、初唐马周、中唐刘蕡这三位中国历史上的政论家。他的文章，多少有些这三位政论家的影子。

二是深入调研中国国情，了解"人生社会的实际生活"。这不仅让他的文字"实"，也让他的文字有了回应现实的力量。

无论是选题，还是论证，抑或是风格，毛泽东的评论都是独具一格的，具有政治家的气魄与格局。更重要的是，毛泽东从创办《湘江评论》开始，渐渐接受了马克思主义，走了马克思主义中国化的路子。我们写评论，评论也在形塑我们，这是唯物史观传递出的基本要义。正如马克思还说过："光是思想力求成为现实是不够的，现实本身应当力求趋向思想。"

从"那个时代"到"这个时代"，评论作为一种表达观点的文体从未式微，而是面临着诸多新的挑战。如何创新话语，连接广大网民，依然是当务之急。毛泽东起步于《湘江评论》的写作实践，于今天讲好中国故事，仍具有十分重要的现实启示意义。

评论的力量，源于实践的土壤，源于唯物辩证法，它是一种可以掌握读者的建设性力量。因而可以说，在观点表达的领域，政治家的评论不同于"文人评论"，也非于"工具理性"的路上狂奔，而是始终指向"掌握群众"，从改造我们的头脑开始，来改变我们的世界。

方法 | METHOD
近代政论的欢歌：思想为什么有力量？

◆ 王小杨

　　拿破仑说过，世上只有两种力量：利剑和思想。从长而论，利剑总是败在思想手下。那么思想为何能打败利剑，思想的力量从何而来？

　　近代以来，华人报刊评论经历了一个繁荣时期，那批政论家似巍峨群峰，以笔为媒，叱咤风云。在这场"思想狂欢"中，我们可以窥见背后那股涌动的力量……

（一）

　　王韬是中国近代政论的开创者，不可否认的先驱。

　　1874年2月4日，他在香港创办了《循环日报》，这是中国近代第一家以政论见长的报刊。从《循环日报》的名称，我们可捕捉到王韬想要表达的政治改良寓意，"渐进循环"而不宜求"速度""突变"，启"文人论政"之先河。我们还可以由此期待，在周而复始之中，中国能再度成为强国。

　　曾游历欧洲各国的王韬，希望借助报刊"达内情于外"，改变西方报纸在突发事件报道中混淆黑白、抑中扬外的乱象。在他看来，既然外国人能在中国办报曲解事实，那我们就不能在国外设报馆，以纠正谬误、宣扬国威吗？

　　王韬在他的办报生涯中，始终坚持"强中以攘外，诹远以师长"这一《循环日报》的思想宗旨，宣传变法自强，为改变中国落后贫困的现状而呼喊，流露出强烈的爱国主义精神。他以"清新的文风，革新的文体"，写了《原道》《变

＊　本文 2022 年 5 月 6 日发表于红网。

法》《变法自强》《洋务在用其所长》等一系列政论，在中国历史上首次提出了"振兴中华"，爱国情怀跃然纸上。

他的政论具有开阔的国际视野，或对比国内外局势，以找出富国之策。他在《变法（中）》就说道，"至今日而欲辨天下事，必自欧洲始。以欧洲诸大国，为富强之纲领，制作之枢纽，舍此无以师其长而成一变之道"。他以此"通外情于内"，不得不说是引领时代风潮的先驱。

（二）

再说说因"时务文体"而名声大振的梁启超。

从1895年12月编辑《中外纪闻》开始在言论界初露荷角，到1922年主编的《改造》停刊，他走过27年的办报生涯，写下了一千多万字的政论。他以气势磅礴、情感炽热的政论，在中国言论史上留下了辉煌的一页。

梁启超的文章不仅"条理明晰，笔锋常带感情"，文风汪洋恣肆，而且有

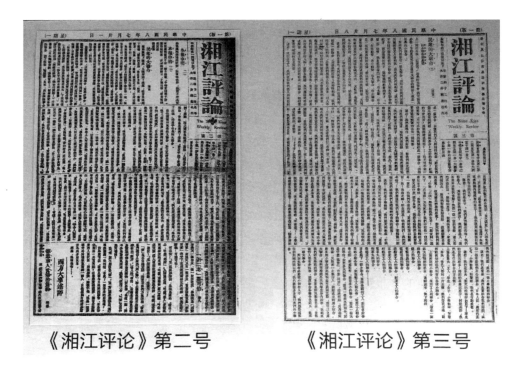

《湘江评论》第二号　　　《湘江评论》第三号

《湘江评论》

智有识，成为评论界学习的典范。如《新民说》全文20节，连载34期，共约11万字，是反封建宣传的重磅力作，被争相传诵，威震海内外，足见思想的力量。

在评论写作中，他能长能短，变化自如，且首创"短评"。他在《清议报》开设了时评性的"国闻短语"专栏，针对热点时事发表见解，字数多则三五百字，少则几十字，一事一议，简要明快，受到读者喜爱，甚至被当今评论界一些人称为"新媒体大咖"。如《济济多士》（182字）、《奴隶与盗贼》（154字）这些短平快的文字，虽短却极富战斗力。

正因为心中有一股浓烈的家国情怀，他倡导变法、广议时政，在云谲波诡的时代变动中，以笔为武器，"不惑、不忧、不惧"，用创造性的时务文体抨击腐朽，唤醒国民。一篇《少年中国说》，一句"美哉我少年中国，与天不老！壮哉我中国少年，与国无疆！"，对中国的未来满怀期待，如此热切，宛如昨日之声。

（三）

泱泱中华，文章大国，毛泽东绝对是群山中一座不可逾越的高峰。

他的革命生涯，是从办报撰写评论开始的。1919年7月他被推选为《湘江评论》主编，在这仅出版短短四期和一期临时增刊的刊物上，他撰写了40篇言论，从此开启了他评论写作的生涯。

新中国成立前夕，在美国政府发表《美国与中国的关系》白皮书后，为彻底揭露美国对华政策的丑陋本质，毛泽东先后撰写的《丢掉幻想，准备斗争》《别了，司徒雷登》《为什么要讨论白皮书？》《"友谊"，还是侵略？》《唯心历史观的破产》这五篇雄文，堪称文笔与思想兼具的经典之作。

他说，革命夺权靠枪杆子和笔杆子。枪杆子他是没有拿过的，而笔杆子一直握在手中，如握着千军万马的分量一般。他文倾江海，为中国革命写出了"星火燎原之势"。管他是战火纷飞，还是硝烟弥漫，他以笔为枪，文字如大江大河奔流直下，在舆论战场上总是完胜对手。

欲以写作为志业，他用心至深。"直到解放后，他身为党的领袖和国家领导人，日理万机，犹不止一次地向人表示，向往当一名报刊专栏评论作家，替报纸写点文章，写点杂文。"可惜他得日理万机，专职当一名专栏评论作家的向往，有些不太现实。

（四）

除了王韬、梁启超、毛泽东这些标志性的政论人物外，19世纪70年代以来，中国还出现了一批有影响力的报刊政论家。

譬如李大钊，他不仅是中国共产主义运动的先驱，也是中国无产阶级政论传统的开启者。在39年的短暂一生中，他从1913年4月1日发表第一篇政论《大哀篇》，到1926年被捕，13年间不断变换着笔名，写下了近500篇政论。《庶民的胜利》《"中日亲善"》《真正的解放》，这些代表作体现出高度的政治远见、浓厚的辩证色彩、澎湃的青春激情。

譬如邹韬奋，他接任《生活》周刊主编，开启了他"一刊被停，一刊继起"的评论生涯。他一生都在为抗战呼喊，他通过犀利之笔，以报刊言论为阵地，呼吁抗日救国。1941年，"皖南事变"发生后，邹韬奋在《全民抗战》上发表了社论文章，指出问题的实质是党派竞争，而非单纯是有所谓"军令""政令"的问题。这篇社论送审后被国民党当局扣发而"免于刊登"，当天的报纸则直接开了个"天窗"以示抗议。

譬如张季鸾，作为近现代影响力比较大的政论家，他的言论之路，也是"报恩之路"。他的父亲在总兵刘厚基和知府蔡兆槐的栽培下考取了进士，因感念刘、蔡的恩情，在家中设立了二人牌位，令后代祭祀。这深深影响了幼年张季鸾。他也同样受到了延榆绥道道员陈兆璜等恩人的帮助。这些经历，令他从报亲恩，走向报国恩，也就是"文章报国"。

这份政论家的名单可列得更长，所举的这些案例仅是些粗浅的梳理。尽管有些政论家不可避免地存在一些时代局限性，如王韬政论写作主要面向当权者，也没把政论当成传播信息的手段等，但他们仍有一个共同点：怀揣着一份深厚的家国情怀，以精警之笔，在思想领域一路狂欢。

无论如何，那批知识分子以笔为媒，自外部切入参与政治，谱写了一首首近代政论的欢歌。回望那段思想狂欢的岁月，或许许多人都会意识到，这里面，有我们可以凭依去穿越迷雾的力量。

思想有力量，是因为他们心中有家国。

"好评中国"激荡"头脑风暴"，好作品永远被期待

分享 | SHARE

◆ 古风

网聚指尖正能量，评出中国好风采。2022"好评中国"网络评论大赛激发一轮轮头脑风暴，吸引越来越多的网友积极参赛，用文字为新时代点赞、为新征程鼓劲、为新青年"打Call"，在众声喧哗中建起思想的坐标系，在百家争鸣中筑牢价值的主心骨。遨游互联网，一篇篇笔头担道义、眼里有风骨、文字带观点的好评论不断涌现，"好评中国"成为网友议论最热的关键词。

"好评中国"舞台广阔，既有人气更见热度。一场大赛，一方舞台。"好评中国"网络评论大赛启动以来，吸引越来越多的人参与其中，奏响了与时代共振的主流强音。"我们参赛了"，唱响青春之声！从大学校园到企事业单位；从媒体人士到高校学子；从自由作者到专家学者，"好评中国"忽如一夜春风来，劲吹神州大地的角角落落，引燃人们读中国、评中国、信中国的热情。数据是最好的见证。相关新闻全网阅读量累计6.8亿次，征集作品上万件……透过一篇篇饱含思想的"好评"，一个可信、可爱、可敬的中国更加精彩呈现。大赛进入最后的冲刺阶段，"好评中国"热度不减，人气"旺旺"，"好评中国"等你来评、等你来赞。

"好评中国"观察独到，既有力度更见深度。看力度，"好评中国"成为各大网站的常见客，"好评中国"官方网站不断收录活动佳作，推出见解深刻的专家访谈，业界接力推出15篇"网络评论方法论"，用力之大、用情之深，可见一斑。论深度，评论的价值，在于在别人停留思考的地方多思考一些，给人道理

---

* 本文 2022 年 6 月 29 日发表于中安在线。

的阐释、理论的解读、迷雾的廓清。浏览"好评中国"佳作，一个个能令人眼前一亮、深入人心的好观点、好文章，是建立在扎实的理论功底之上的。一定程度上，写评论，追求的就是对观点的精打细磨，对道理、学理、哲理的谨慎推敲。

"好评中国"坚持以习近平新时代中国特色社会主义思想为指导，引领人们胸怀"国之大者"，坚持正确的政治方向、舆论导向、价值取向，在不同题材中鲜明立意，在理论之上鲜活表达，在鲜活故事中阐释论证，于潜移默化、循序渐进中讲出观点深度，讲出思想深度。

"好评中国"温润人心，既见动情更见共情。一个故事胜过一打道理。评论本质是说理。巧妙说理，离不开触动心灵的好故事。人民就是生活。中国发展日新月异，基层奋斗踔厉步稳，经济、民生、养老、生态等各领域多维度都有讲不完的故事。"故事里的中国"精彩纷呈。一个个鲜活可感的故事，是打动心灵、打开心扉的关键密钥，"说理+讲故事"珠联璧合，评论才耐读耐看，引人深思。因此，不论是观点的淬炼，还是故事的挖掘，或是认识的升华，都离不开生机勃发的基层沃土。"好评中国"引领网友讲好基层奋斗故事，一篇篇带着泥土芬芳的精品佳作不断呈现，产生超越时空的传播力、无远弗届的影响力，以动情佳作引领人们思维碰撞、产生共情，最终焕发共鸣。"好评中国"打开强气场，为亿万网民的网上精神家园注入源源不断的"大流量"。

"好评中国"，精彩连连，为创作中国好评搭建起了广阔的大舞台。大赛作品征集还有最后两天期限，还未行动起来的"你"，当积极参与其中，不留遗憾、不失时机。用心观察、潜心写作，好的网络评论永远被期待。

"好评中国"为思政课注入新活力

◆ 刘咏燕

　　"品"山河壮美，"评"奋进中国。2022年4月28日，由中央网信办、教育部思想政治工作司、共青团中央宣传部主办，湖南省委网信办承办的2022"好评中国"网络评论大赛正式启动。大赛以"新时代　新征程　新青年"为主题，旨在大力弘扬时代主旋律。日前，《"茶宝宝"的幸福生活》等"好评入画"系列持续刷屏，掀起了"好评中国"赛事的高潮，《"茶宝宝"的幸福生活》通过拟人的手法，借"茶宝宝"的自述展现党的十八大以来取得的乡村振兴、生态文明、文化自信等方面的重大成就。

　　"好评中国"为大学生群体提供新的发声渠道，有利于正能量观点的持续输出。大学生是关注网络的主流群体，维护网络世界的清朗，他们奋勇当先。如国家网络安全宣传周期间，大学生表现出"网络安全为人民，网络安全靠人民"的自觉，三峡大学组织学生发表了题为《东湖漫评：筑牢网络安全屏障，共享美好数字生活》的文章，表达了他们参与网络建设、提高网络素养、捍卫网络安全的责任心，这不仅是战略层面的国家大事，更是所有网民义不容辞的责任和义务。面对网络信息，我们要提高自我认知和判断能力，"未知全貌，不予置评"，并互相告诫做到"谣言三连"：不听、不信、不传。

　　网评是提升网络舆论引导力、公信力的手段之一，传播正能量的网评能启智润心，让受众群体如沐春风。例如，在庆祝中国共产主义青年团成立100周年纪念大会上，习近平总书记发表了重要讲话。以此为契机，三峡大学的学生写下了几十篇时评，其中《不负韶华争朝夕，跑出青春加速度》被人民论坛网公开发表，

＊　刘咏燕，三峡大学马克思主义学院副教授。本文2023年1月发表于《湖北教育》。

大学生们用语言诠释了"请党放心，强国有我"的豪情壮志，表现了他们努力跟随时代脉动，踔厉奋发的自觉。

党的二十大报告指出，要用党的科学理论武装青年，用党的初心使命感召青年，做青年朋友的知心人、青年工作的热心人、青年群众的引路人。将"好评中国"融入思政课，让大学生动容、动情、动笔，做到入脑、入心。"好中国"是让大学生俯下身、沉下心去发现、去倾听新时代党和国家事业发展取得的历史性成就，直观地认识中国有哪些"好"；而"评中国"让大学生开动脑筋思考"何以中国"，书写"中国好评"，用心"评好中国"，明白"是以中国"。带领学生聚焦国家大战略，在读懂新时代中激发爱党、爱人民、爱国家的情怀，做红色基因的继承者和传播者，助力网络主旋律更高昂、社会正能量更强劲。

网络评论与思想教育一脉相承。习近平总书记指出，"思政课的本质是讲道理，要注重方式方法，把道理讲深、讲透、讲活，老师要用心教，学生要用心悟，达到沟通心灵、启智润心、激扬斗志""中国共产党为什么能，中国特色社会主义为什么好，归根到底是因为马克思主义行，是中国化时代化的马克思主义行"。思政课就是要讲清楚拥有马克思主义科学理论指导是我们党坚定信仰信念、把握历史主动的根本所在。网络评论通过理性的评论让事实背后的价值显现出来，用充满温情的文笔解释世界，以"网"为媒、以"评"聚力。

如讲《怎样推进社会治理现代化》，其核心是建设人人有责、人人尽责、人人享有的社会治理共同体，一切社会管理工作都围绕人民的需要，把"旁观者"转变成"参与者"，最大限度地满足人民群众的利益需求。教师用心讲清楚其中的道理后，展示《孝南全力推动营商环境进全国百强》的热点案例，组织学生对孝南区及各地"共同缔造营商环境"进行调研，通过"营商环境"小切口撰写网评文章，深刻理解社会治理现代化。三峡大学学生谢乔、阎姝文的作品《东湖漫评：何以孝南？"密码"尽在共同缔造》荣获了"孝南区首届网络评论大赛"一等奖。学生说，"七诉合一"、政务服务"好差评"、"店小二"热线电话等工作机制，营造了扶商、亲商、稳商的良好风尚，强化了服务意识、提升了办事速度。通过这项活动，对听上去"硬邦邦"的社会治理有了"暖融融"的感受，水到渠成地去收获启迪。

"好评中国"成为大学生思政教育的"超链接"。网评把思政理论与时事热点、日常生活进行了"超链接"，思想政治理论难的是老师讲得清楚、学生学得明白，需要理论语言与大众语言的转换与衔接。为此，让大学生及时关注各类时政新闻、评论，与理论网站深度融合，让思政课随时代同频共振，在对新闻热点进行评论的过程中理解党的政策，深化理论的运用，是非常有效的一招。

如针对浙江象山海域搁浅的抹香鲸被成功救回大海的事件，大学生发表了《东湖漫评：共建万物和谐的魅力家园》，自觉地联系到生物多样性保护，生态文明观念等；在传统节日端午节之际，发表了《漫评：乘传统文化之风，弘扬屈原精神之魂》，大学生与中华传统文化来一场穿越千年的对话，感受屈原为国献身的崇高理想，让中华优秀传统文化在新时代焕发勃勃生机。

《中共中央关于认真学习宣传贯彻党的二十大精神的决定》强调，要把学习党的二十大精神作为学校思想政治教育和课堂教学的重要内容，组织开展对相关教材的修订工作，推动党的二十大精神进教材、进课堂、进头脑。三峡大学把学习宣传贯彻党的二十大精神融入思政课，开展"画"说二十大、"手绘共同富裕"等活动创新学习方法，把党的二十大报告中的道理讲深、讲透、讲活。大学生纷纷表示："这样以喜闻乐见的方式学习理论，我们更容易理解。"

"好评中国"让大学生在网络评论写作中培育正确的价值观。网络评论写作为大学生提供了一个平等竞争的平台，能在竞争中找到自己的长处和同其他人之间的差距，促使自己健康发展。

用好网评的"盐"，讲出思政的"味"。思政教育融入网评后，大学生的思维更加灵活，学会了向下的视角，学会了自我教育，给学生心灵播下了真善美的种子。例如，为生活困难的人免费提供"单人套餐"的屈志攀、"白发校长"张鹏程身上传递的大爱情怀照亮了人们；看到医学大学生纷纷投入到抗疫一线，受到朋辈精神的震撼，他们将内心的感动"动笔写下来、动手画出来"，创作出《愿每个需要帮助的人都能被温柔以待》《让青春之花在抗疫一线绽放》等作品，深刻体会到肩上的责任。

用理性的头脑观察世界，用滚烫的心灵观照时代，大学生明白了中国力量来源于每一个人的努力，中国精神来自每一份坚守，自己也可以照亮别人，由此而来的自信是那么坚定和充满力量。

学校要想实现思政课高质量发展，必须讲好、用好新时代的"大思政课"，激活社会"大课堂"、汇聚全社会育人"大能量"。"好评中国"是思政课与媒体深度融合的"大能量"，让学生能够津津有味地上好"大思政课"。

02

立意，何以与众不同？

只要忠实记录这个时代，只要用心用情用力描绘这个时代，便能看到真实的中国，便能感受到中国翻天覆地的变化，便能为融入这个时代而心生暖意。

——《芙蓉国评论·"好评中国"，青春声音向时代告白》

"文章合为时而著，歌诗合为事而作。""为时""为事"，就是要关注时代、关切现实，发时代之先声，聚向上之伟力。

——《经武快评·发青年嘹亮声音，聚"指尖"蓬勃力量》

我们的视角既要有国家大事、也要有民生小事，要更全面地记录国家发展、民族进步、人民幸福。

——《芙蓉国评论·做新时代"执笔者"唱响正能量之歌》

 锦言锦句

自选动作与命题作文

◆ 郑根岭

无论是过去的平面媒体时代，还是当今的网媒主导时代，就时评作者与发表载体/媒体而言，都存在一个不容忽视的现实问题——对媒体来说，就是约稿与自由来稿的关系；对作者来讲，也就是自选动作与命题作文的分别。

当然，两者有时并非泾渭分明，因为媒体约稿里也有作者自主选题这种情况，主要是对名家专家或成熟作者，媒体只想借其身份或名气吸引眼球、提升影响力，至于具体写什么并无相应要求，只要是有感而发即可，也相信对方选题都会不错，除非是作者糊弄事没好好写，而且编辑又难以改好。

命题作文往往是媒体意志的体现，是其表明态度、凸显个性、引导舆论的需要。在自家评论员挥笔上阵之外，通过命题作文设置议题，约请时评作者写稿，也不失为多快好省的可行之道。媒体约稿的命题，基本上是每天编前会上由编辑部集体讨论商定，也有上边派下来的活儿。既然是约稿，除极少数可由作者自由发挥思想见解的情况，大部分会有观点限定或一致性的要求，对此时评作者只能顺从，毕竟人家是这块意见市场的买主。

即便在曾经的言论繁荣、量大面广的时代，不同纸媒或网络平台的具体情况也会有所不同。像《新京报》《京华时报》评论就以约稿为主，甚至连社论也相对固定使用外部写手，而有的媒体却不约稿——全靠自由来稿，也有的介乎二者之间，也就是少量约稿、多数选用投稿。

作为时评作者，能经常写命题作文是求之不得的好事。因为这种文章一是属

* 郑根岭，中央广播电视总台创新发展研究中心高级编辑。本文 2022 年 6 月 22 日发表于红网。

于"定购"——不愁发表，前提自然是得符合人家的要求；二是"米多"——稿酬比自由投稿优厚得多。

关键是稿件质量、出手速度和笔法文风、思想倾向得对媒体的路数，这样人家才乐意把约稿机会给你。一些媒体对命题作文写得好的作者也很珍视，经常约稿对象相对固定，毕竟用得得心应手。所以说，有影响的媒体，一般都有自己经常约稿的作者小圈子，相当于该媒体的编外"常备军"，随叫随到，需要用的时候，一声招呼，立马献来好稿。

我们耳熟能详的一句话——"机会青睐那些有准备的人"。在时评作者写作命题作文方面，也有类似情况。成熟作者每天密切关注新发生的热点新闻，并且在了解详情的同时头脑快速思考，以至于对许多事会有自己的看法，任你随便提起一个新闻话题，他都能头头是道地娓娓道来，文思泉涌、思想火花噼里啪啦乱闪。因此，当媒体编辑打来电话或发来信息约稿时，无论是什么样的命题作文，他都能倚马可待、信手写来、一气呵成，并且大受赞赏、顺利发表。

正因为对热点新闻熟络并且善于思考，时评作者自选动作与命题作文碰巧"撞车"的情况屡见不鲜。细想之下也不奇怪，每天的新闻热点大家都能及时看到，只不过有时多些有时少点，凡是关心新闻的作者和编辑，大都能判断个八九不离十，因此经常是"英雄所见略同"。

能针对大家都有感而发的热点新闻，给出出乎多数人意料而又令人拍案叫绝的独特观点，这是媒体评论约稿编辑求之不得的事情。否则，都发表一些人云亦云、"大家想到一块儿了"的时评作品，何以彰显自家媒体的与众不同？长此以往，读者都用不着寻来非要阅读你家的评论了。

当然，不可能也没必要要求所有时评观点都要与别的媒体观点截然不同，毕竟高人一筹的阳春白雪可遇而不可求，主打菜仍然是长相差不多、想法趋同的下里巴人。尤其是在如今读者对真知灼见要求不高的现实背景之下，有时候在某些新闻事件评说方面倘若不"从众""媚俗"，反而会招致一些网友的攻击举报，因而惹来麻烦。

网络时代比拼速度是常有的事，不光作者比谁出手快，就连媒体也是如此。甚至那些仍然坚持出版纸质日报的《新京报》之类，也早就把"移动优先"网上先发奉为了圭臬，报纸评论版反而从每天多次随时发稿的自家客户端App、小程序、公众号、自媒体号上选稿"重复发表"。

对大多数时评作者而言，写作命题作文的机会少之又少，有幸成为媒体约稿宠儿的只不过是"塔尖儿"上的极少数人，以至于热心读者都会注意到，某个时间段里甚至成年累月，在某家媒体发表时评的，基本上就是那么几个人，难免有"任人唯亲"的嫌疑。这不奇怪，也不见得就是不好的事。媒体需要保证自家评论的质量，有的作者篇篇佳作并且出手很快，这正是媒体评论编辑最需要、最欢迎的类型，约稿成功率、时效性还有文章质量一应俱好，无论换作谁当编辑，都是何乐而不为呢？

不管有没有本职工作，业余时间写稿挣些银子补贴家用的时评作者，其实相当于自由撰稿人，基本上以自选动作为主。虽然选题上自己说了算可谓自由，可写好了文章还得到处投稿寻求媒体发表，能否被采用也只能听天由命，所以说到底还是受制于人，因而并不自由。

时评作者的自选动作要想开花结果，需要用心研究各家媒体的用稿特点，尽量有的放矢，这样一来被采用发表的概率就会大些。有的媒体以约稿为主，极少采用自由来稿，那么无论你多么起劲儿地投稿，也多半是在做无用功！

再比如说，过去特别强调时评的批判性，这也是此种文体的最大价值之所在。高明勇在本系列文章第五篇里将批判性思维看作是评论写作的"第一性原理"，笔者深以为然。当然，不同时期不同的人有不同的喜好，就像如今新时代非常强调正能量，那么作为时评作者，要想发表作品就得适应这种要求；具体到"好评中国"征文，我想这是一个开放的平台，主题没有完全限定在哪一方面，凡是理性、客观且有建设性的网络评论，都应该可以来参赛。

方法 | METHOD
写什么，比怎么写更重要

◆ 王小杨

最近，2022"好评中国"网络评论大赛正式启动了。于不少网络评论作者而言，面临的第一个问题就是，该写什么，或该拿什么样主题的视评、漫评作品去参赛。这涉及的，便是评论的选题问题。

关于选题，评论界有一句颠扑不破的真理——"写什么，比怎么写更重要"。

从本质上看，选题是对媒体传播与受众阅读契合点的寻找，是一个价值判断的过程。有些评论，当你看到它所评论的内容时，你便知道，它已经在这个言论竞争激烈的年代胜出了。正如曾任《人民日报》副总编辑的米博华所言，"一个人的创作才能，首先体现在选题环节上。能不能优质高产地创作言论，取决于作者能不能发现大量的选题，特别是高质量选题"。

尽管提升评论选题能力需长期的写作实践，但想找到好选题有一些应掌握的基本要求，如政治远见、时代意识、价值导向。

找到有价值的选题，首先要有胸怀全局的政治远见。

这要求评论员具有高度的大局观念，且保持一份政治清醒与坚定，能及时感知国内外形势的变化，拨开世事迷雾，为公众揭示事物发展的本质。

作为一代文章大家的毛泽东，他的文章源于他的革命实践。他用笔杆子指挥枪杆子，融自己的政治远见于笔端，通过一篇篇旗帜鲜明的政论文章，宣传政治理论，阐述战略、策略、思想。

---

* 本文 2022 年 5 月 15 日发表于红网。

譬如，他通过《中国的红色政权为什么能够存在？》《星星之火，可以燎原》，深刻论述了以农村包围城市、最后夺取城市和全国政权的战略思考。他通过《论持久战》等一系列文章，阐述了抗战的战略和目标，清晰指明了未来道路，也给了人民信心，都展现出他丰富深刻的思想内核、胸怀全局的政治远见。

近代著名爱国报人徐铸成，他始终将抗日救亡、反内战作为核心议题撰写政论，呼吁全民团结、抵制外侮。正因为怀着强烈的爱国主义热情，聚焦于国内及国际局势的分析，他事理结合，撰写出了《不与侵略者谈和平》《日本的"双簧"》《培养中国之新血液》等一批有影响力的评论。

譬如，在《西北大战之展望》（1938年3月15日）中，徐铸成写道："陕北现为八路军之中心，人民经两年之余严格训练，抗日思想，最为浓厚；武装民众，遍地皆是；彼等皆已厉兵秣马，准备保卫故土，献身祖国。"这就体现了他科学的预见性，以及对事态全局发展的正确把握。

正如"革命的理论家永不能和革命的实践相离"，网络评论实践中，评论员政治的清醒来自理论上的坚定，远见则来自站立于制高点。这种高度的政治远见，不是凭空产生的，而是根源于清醒的理论思考、坚定的人民立场，以及长远的战略眼光。

其次，要有强化发展的时代意识。

文章合为时而著，评论更要因时而评，关注大事、大情、大理，体现大情怀、大格局。著名散文家、政论家梁衡在《毛泽东怎样写文章》一书中写道：

"什么事能激励最大多数的人？只有当时当地最大之事，只有千万人利益共存共在之事，众目所瞩，万念归一，其事成而社会民族喜，其事败而社会民族悲。近百年来，诸如抗日战争胜利、中华人民共和国成立、'四人帮'覆灭、十一届三中全会、改革开放、中国确立社会主义市场经济体制、香港回归等，都是社会大事，都是政治，无一不牵动人心、激动人心。"

梁衡先生强调的"能激励最大多数的人"的事，即关乎国家利益、民族情感的，反映时代浮沉的大事，而非鸡毛蒜皮的小事。拿2022"好评中国"网络评论大赛来说，可以写写新时代里，乡村振兴、科技腾飞、追梦星辰等具有公共价值的话题。正如大赛征集公告所展示的，要深入阐释党的领导和中国特色社会主义制度的巨大优势，鲜活解读非凡成就，幸福生活背后的理论逻辑、实践逻辑，生动呈现祖国大地高速发展的澎湃气象、中华儿女蓬勃昂扬的时代风貌。

当然，反映时代主题的"大事、大情、大理"，往往也可以通过一些生动的案例来诠释。这也是人们常说的"大处着眼，小处着手"，我们可从选题的某一方面或侧面切入，用历史的发展的逻辑视野，来体现时代精神。

最后，要有关注现实的价值导向。

评论选题须扎根"泥土"，突出现实针对性，不能局限于"玫瑰栽培"。不回避社会关切，透过现象之本质、现实之根源，找到解决的建设性方法，这是文字评论写作或视评漫评制作的主要价值之一。

评论学界的老前辈丁法章先生曾指出，"就一般情况而言，凡与公众切身利益密切相关，或能够引起公众普遍关注、实际工作迫切需要解决的热点、难点、疑点、焦点问题，往往是评论选题的重点"。这考验评论员观察、分析及解决问题的能力，吃透上头政策，且把握基层实际，需要评论员身与心都进入现实生活之中，做一个时时保持思考状态的"留心人"。

以《"一号文件"要管"二号文件"》为例，新华社这篇评论员文章针对一些由主管部门和地方党政机关出台的，不符合中央一号文件精神的具体规定，也就是文中所提到的"二号文件"，鲜明指出这些"二号文件"干扰着中央政策的落实，增加了农民的负担，有关部门应当自觉地加以修改，直至全部废除。这篇文章抓住了广大群众十分关心也非常担心的现实关切展开评论，不回避现实，后来被数十家报纸刊用，有力推动了农村改革的进程。

评论选题就是"未动笔的写作"，是写作之前的孕育。要孕育一则"好选题"，离不开高度的政治远见、鲜明的时代意识、现实的价值导向。在当前全媒体时代，无论是文字评论，还是视评漫评或其他形式，找到有价值的好选题都是成就一篇网络评论佳作的前提。

方法 | METHOD
立意，何以与众不同

◆ 王小杨

　　如果说立意是一篇评论的灵魂之光，那光一定是源于我们的基本立场，以及平时的阅读、观察及思考。没有光源，一切都是徒然。

　　正如光源不同，所照耀的地方也不一样，我们拥有什么样的认知，那在评论写作中，便可能会找到什么样的立意角度。

　　当然，我还想表达的是，评论立意的确立，不仅事关认知，也有涉方法论。光再微弱，若引导得当，也同样会明亮一片天地。

　　先从认知角度看，立意是评论的灵魂。

　　立意究竟是什么？相信写过多年评论的人也未必能说得清楚。学界的定义也多种多样，颇具代表性的定义如学者丁法章在《当代新闻评论教程》中所说的：所谓立意，是作者对所评述的事物或问题，提出自己的看法，表示自己的见解，换言之，就是确定评论的主要意思，以构成文章的中心思想。

　　从这个具有代表性的定义中，我们看到了一些关键词，如看法、见解。这些关键词，就是评论所要表达的思想内容。既然是思想，那就有境界高低之分，毕竟每个人的观察广度、站位高度、思考深度都不一样。

　　关于境界的层次，国学大师王国维曾在《人间词话》中这样写道——古今之成大事业、大学问者，罔不经过三种之境界：

　　"昨夜西风凋碧树。独上高楼，望尽天涯路。"此第一层境界也。"衣带渐宽终不悔，为伊消得人憔悴。"此第二层境界也。"众里寻他千百度，蓦然回

_____

＊　本文 2022 年 5 月 22 日发表于红网。

首，那人却在灯火阑珊处。"此第三层境界也。此等语非大词人不能道。

这段话用在评论立意上也是十分恰当的。对应而言，第一层境界，是评论员穷尽思考，去探寻文章立意的努力，在找到立意之"高""新"，有时确实要"望尽天涯路"，却也不一定能得到。第二层境界，意在表明立意的确定，需要坚忍与执着的精神，有些像十月怀胎一般。第三层境界，在某种意义上，好的立意需要灵感闪现，有时不经意间形成，却也是长期坚持钻研或关注某一领域的结果。

立意能否做到与众不同，这自然取决于思想境界之高低。在思想境界上，你所站立的位置，便是你所能拥有的高度。正如学者米博华所说：在京城京广中心上俯瞰和在胡同里溜达，我们对北京的感觉是很不相同的。正如在《人民日报》工作，因为关注和研究的通常是全局性和战略性问题，中央的精神知道得较快、较准、较全，自然会在观察问题方面有某种优势。但这也不是绝对的。现在信息发达，上天入地，无远弗届，仅仅靠位置高度是不够的。"站得高"至少需要三个支点，曰历史眼光，曰广阔视野，曰辩证思维。

我们知道，人们所处的位置，可以是时间的，也可以是空间的，还可以是时空交错的。从时间的维度，所处的位置可以是历史的，也可以是未来的，更可以是当前的。这要求评论员要有正确、深入、全面的思考，找到别开生面的立意，走向思考的更高境界。

在2022"好评中国"网络评论大赛启动式上，专家代表发言指出，参加"好评中国"大赛，既可以讲中国，也可以讲世界舞台上世界视野里的中国，讲一讲中国正在推动的世界发生着怎样的积极变化。这给广大参与"好评中国"网络评论大赛的作者一个可供参考的提醒，作品无论从何切入，都得站在人民的立场上，尽量以小见大，可以从你的一篇网络评论佳作中，窥见这个时代。

再从方法论角度看，评论立意更要"思辨出新"。

马克思主义哲学告诉我们，世界是普遍联系和不断运动变化的统一整体。我们思考如何确立评论的立意，也要置身这一语境之中，不仅需要有历史纵深感，而且要有广阔视野，通过参照比较，全面理解事物的本质，同时还需要一定的辩证思维。

我国历史上，有许多体现出这些辩证思维方法的政论名篇，这些都是评论写作中值得借鉴的典范。譬如，西汉贾谊政论文的代表作《过秦论》便是其中之一。这篇文章讨论了秦之政治过失，通过六国与秦、陈涉与秦王朝、陈涉与六国的对比，表明原来蓬勃发展、无往不利的秦国，在胜利后因继续推行强权政治而变得不堪一击。"前事不忘，后事之师"，文章对比背后是为进一步"昭汉之过"，以作为汉朝加强统治的借鉴："是以君子为国，观之上古，验之当世，参之人事，察盛衰之理，审权势之宜，去就有序，变化因时，故旷日长久而社稷安矣。"文章从历史得失的分析，以及开阔视野的对比，辩证得出强弱会因时因势而变的道理。

当然，评论思辨的魅力，不仅体现在逻辑的美感上，更体现在分析问题的深刻上。立意与众不同所体现出的，不仅是认识问题中的新，也体现方法论上的"思辨出新"。

因而，立足认识论与方法论的双重维度，找到思考问题的新角度、新道理、新思想，这应当是一条让评论立意与众不同的基本路径。在某种意义上，评论所表达的新道理、新观点、新角度，只有在对具体事件、具体现象的分析评述中才能得以体现。没有透彻、精辟、深刻的辩证思考，站位之高、立意之新，这些也无从得以体现。

譬如，漫画作品《孔夫子"失业"》，能获得第31届中国新闻奖漫画类二等奖，主要原因还是辩证的构思中有新意。作品先从教育这一国之根本出发，展望国家发展和民族未来，体现出强烈的时代责任感。再巧借"孔夫子"办学却失业，来对比当前的"正宗教育"受到校外培训的严重冲击，使人形成强烈的认识反差，立意高深而令人过目不忘。

总而言之，尽管从根本上，评论立意首先是认知的问题，但这并不意味着有了较高的认知水平，就一定能在"蓦然回首"中找到与众不同的立意角度。如何从方法实践上把握立意的"高""新"，这也直接影响着评论思想境界的高低，以及作品是否出彩。

方法 | METHOD
新闻评论立足现实才有力量

◆ 魏猛

　　网络新闻评论是公民表达想法的一种重要形式和途径，同时也是进行舆论引导的重要手段。但是网络新闻评论不是命题作文，更不是风花雪月的情感表达，必须跳出固有的思维定式和以自我为中心的选题局限，才能够凸显网络评论的价值。

　　新闻评论具有公共性特征，只有在公共领域、公共人物、公共事务等方面选择论题，选择社会各界普遍关注的热点和难点问题，才能引起尽可能多的受众的共鸣。引发受众的关注和讨论，这也是新闻评论的公共价值所在。通常在各媒体平台热搜榜上的话题是当天公众比较关注的，还有一些是争议比较大的热点话题，在这些热搜榜上就会产生较多的评论选题。比如，最近上头条热搜榜的"全红婵粉丝斥裁判压分""女子在政务大厅'发飙'怒怼工作人员，称每次都说缺一材料"等新闻就涉及公众人物、公共事务。但是，这些事件都反映社会生活某一方面的不足，如任其发展，会影响公共利益，或影响行业的健康发展，因此，这样的选题就"天生"具有评论价值。

　　另外，不同的时期，公众的关注点和社会需要解决的问题不尽相同。虽然同样是具有公共性的新闻评论选题，但是，同样的选题在不同的时期就有不同的评论价值，同一时期不同的选题也具有不同的评论价值。比如，为农民工讨薪是早几年社会比较关注的话题，目前，这一问题已经基本得到解决，媒体和公众对这一话题都不再关注，评论的价值也随之降低。现在大学生就业成为国家和社会都

＊　魏猛，郑州大学新闻与传播学院新闻系主任。本文 2023 年 12 月 1 日发表于红网。

在关心的问题和难题，因此，这就成为当下新闻评论的高频选题，差别只在于评论的角度不同。同时，与大学生就业相关的"考研热""考公热""学历歧视"等话题的热度也比较高，因此，也成为新闻评论的高频选题。

从新闻评论的角度选择来说，评论角度要考虑社会关注点，考虑社会亟须解决的现实问题，这就是新闻评论的现实针对性。新闻事实是由多侧面构成的，每一侧面与不同的利益方联系起来就会呈现不同的利益倾向，反映在新闻评论中，就成为新闻评论不同的角度与立意。一般情况下，紧密联系社会现实的角度，或者从与公众利益联系比较紧密的方面立论，这样的评论会受到公众的欢迎，具有较高的评论价值。比如，最近公众比较关注的"中小学生课间十分钟被占用"的话题，我们分别站在学校和老师的角度、站在家长的角度、站在学生的角度、站在教育管理部门的角度，就会有不同的观点，从众多角度中选择一个自己认为合适的角度就是新闻评论确立观点的过程。这个观点怎么样，就要接受社会现实的检验，要看到社会现实的痛点在什么地方，要看到问题的来龙去脉，找到解决问题的正确途径和办法。而现实的痛点是，由于课间十分钟和课外运动受到不同程度的限制或挤占，中小学生的体质堪忧。因此，这个立论角度就是最佳的立论角度。

从观点论证的过程来说，一个观点的成立可以通过逻辑上的推理完成，这也是大多数新闻评论经常使用的办法。但是，在新闻评论中，逻辑推理并不是从事实到观点建立联系的唯一办法。有时候，观点不一定能够通过逻辑推理来验证，如果这个观点经得起客观事实或社会生活的检验，那么它也是成立的，这就是实践的原则在新闻评论中的体现。而且，一个对社会生活和现实政治环境了解比较充分的评论员，在立论和论证方面会表现出较高的视角或者更宽阔的视野。从这个角度说，这也验证了中国人民大学马少华教授的一个观点：积累事实就是积累认识。从论据的效力来说，现实生活中的具体案例可以提供更具体的论证，让读者更容易理解和接受。尤其是评论中利用直接来源的论据去论证观点，很多是无法通过逻辑推理来完成的，这样的论据中包含个人的体验和生活经验，往往具有很强的说服力。另外，新闻评论的写作过程虽然是"以理服人"的过程，但也应该包含"以情感人"的成分，力求文章情理交融。"以情感人"不意味着论证过程可以通过"诉诸情感"而偷懒，但是，如果论据和论证语言能够有情感和情境的支持，则可以增强新闻评论的可读性和可信度，消除读者的抵触情绪。从根本上说，无论是"理"的把握，还是"情"的驾驭，都离不开作者对生活和社会现实的体验。

新闻评论的价值在于引导社会舆论，干预社会生活，这也是新闻评论的力量所在。新闻评论必须针对事件分析其问题所在，分析事件的本质和根源，唤醒全社会对问题的重视和思考。比如，此前，上海市群众艺术馆开办的市民艺术夜校秋季班开放报名，提供一万个左右名额。当天，65万人参与课程报名，大多数课程名额在一分钟内被抢光。这说明，随着人们物质生活水平的提高，市民对精神消费也有着迫切的需求。这么多人参与报名还说明，市民的精神文化需求缺口还非常大，因此，有评论呼吁要办好市民艺术夜校，满足人民群众的精神需求。实际上，办好艺术夜校不仅在上海有着巨大的需求市场，在其他中心城市也同样有着巨大的需求市场，这个呼吁很可能为艺术夜校的发展带来重要契机，也给社会办学力量带来巨大的商机。再如，有新闻报道：某地一包子铺因在外卖平台卖豆腐脑，被监管部门认定超许可范围经营，罚款15000元，并没收违法所得7014元。有评论称：监管部门的罚款虽然有法可依，但是对一家小微包子铺而言，这样的罚款明显偏高。关键的问题是，包子铺在外卖平台销售豆腐脑除了方便了消费者之外，并没有看到什么明显的危害。而执法部门的执法行为应该更有温度，不仅要做到合理、合法，更要合情，缺乏温度的本本主义的执法对当前的经济复苏没有任何帮助。这个评论明显具有舆论监督的功能，不仅提醒执法部门要反思，对建设友好的营商环境也有很大的借鉴意义。可以说，通过对现实社会问题的关注，新闻评论能推动社会的变革和社会治理的改善。

新闻评论之所以能够引导社会舆论，干预社会生活，主要是评论涉及的问题可能正是大众关心的问题，评论提出的解决问题的思路为解决问题提供了有价值的选择路径。评论还会带动读者思考社会问题，并参与到解决问题的过程中来，从而推动社会的变革和进步。如果脱离社会现实，脱离对社会的思考，脱离人民群众的喜怒哀乐，新闻评论干预社会的能力就会受到影响，甚至沦为作者的自说自话。

新闻评论脱离社会现实主要有三个方面的表现：

一是选题视野过于狭窄，无视当下的社会问题和需求，去讨论一些无关痛痒的问题，或自认为是问题的问题，这在大学生学习写作评论的过程中出现得比较多。由于很多学生生活环境比较单一，接触社会的机会较少，选题往往局限于大学生常见的一些问题，而大多数问题对整个社会来说，并不是普遍关注的问题，或者只是一些个案问题，能够挖掘的空间并不大，即使写出来，也无法激发读者的思考和行动，评论的价值和影响力有限。因此，我们常呼吁新闻专业的大学生要经常参加社会调研、社会实践，要经常深入生活、深入社会实际，掌握社会发展的现状，了解社会存在的问题。

二是一些作者人文社会科学理论基础较好，能够广泛掌握一些人文社会科学的理论，用这些理论去解读新闻事件、新闻现象，当然能提供好的角度，尤其是提供高屋建瓴的思考角度，这是优势。但是，也有一些评论员喜欢用一些国外的理论来解读当代中国的现实问题，这样写作出来的评论往往也会造成评论与现实的脱节。国外的理论植根于国外特殊的土壤，针对的是国外具体环境下的社会问题，把理论应用到中国来不一定都合适。因为社会科学理论的应用是有条件的，一旦脱离了具体环境和社会条件，得出的结论就不一定是科学的。因此，对社会问题的分析，既要考虑理论的适用性，又要考虑新闻事件发生地的具体社会现实。

三是选题过于抽象、小众化，与人们的日常生活脱节。新闻评论如果论题过于抽象或者宽泛，缺乏具体的案例或事实支持，只是从理论到理论的推导，读者就难以理解和接受，更难以参与讨论。抽象的选题往往使用的语言也比较宽泛或模糊，也缺乏具体的观点，作者无法聚焦，读者无法高效地接收作者的观点，甚至对文章的内容感到困惑。因此，从选题开始，新闻评论就要思考哪些问题是当下社会的紧要问题，哪些现象是大家习焉不察，却对社会有深远影响的现象。要考虑评论的流量，就不能不考虑读者的兴趣和需求，要把新闻评论与他们的生活经验和实际需求结合起来，这样才能够吸引读者。从操作性来讲，读者从新闻评论中获得的信息和建议应该具有可操作性。如果建议过于泛化和抽象，读者就难以从中获取实际的效益，评论引导舆论、干预社会的功能就难以发挥。

为了能够把新闻评论建立在社会现实的基础上，评论员要深入生活，深入社会，联系实际，不断积累事实。一些媒体为了促进评论发布，掌握第一手素材，设置了评论记者岗位，这也是一种有益的尝试。

网络新闻评论只有植根于现实，反映现实，讨论现实的社会问题，才能被受众关注和喜爱，才能真正地干预现实，推动社会进步和思想的革新。网络新闻评论的力量也正在于此。

"好评中国"当有"平视世界"的自信

◆ 徐林生

2021年3月6日，习近平总书记看望参加全国政协十三届四次会议的医药卫生界和教育界委员时说："70后、80后、90后、00后，他们走出去看世界之前，中国已经可以平视这个世界了，也不像我们当年那么'土'了……"总书记这一席话，让人百感交集，思绪万千，更令人精神振奋。中国可以"平视世界"，是新时代显著特征，也是新青年之幸。

党的十八大以来，我国改革开放和社会主义现代化建设取得了举世瞩目、彪炳史册的历史性成就，实现了全面建成小康社会的第一个百年奋斗目标，成为中华民族伟大复兴征程上又一座重要里程碑，我国正满怀信心地走近世界舞台中央。这些新时代伟大成就，是中国可以"平视世界"的力量和底气，同时蕴含"好评中国"网络评论大赛取之不尽的绝佳素材。

例如：人类反贫史上奇迹——我国历史性全面消除绝对贫困，人民生活水平得到空前改善，"人民至上、生命至上"生动诠释——疫情防控取得重大战略性成就，"基建狂魔"——中国基础设施建设突飞猛进，我国进入空间站时代，"绿水青山就是金山银山"理念日益深入人心，"一带一路"国际合作倡议硕果累累……无论以历史坐标纵向比较，还是以国际视野横向对比，每一个"中国奇迹"都经得起世界上任何不带偏见的考问，值得全国人民自豪和骄傲，是"四个自信"论断的实践源泉。

都说"言为心声"，很难想象，一位对"新时代、新征程"极为丰富的内

---

* 徐林生，资深评论员。本文 2022 年 5 月 11 日发表于红网。

涵认识不深、理解不透的新青年，哪来"平视世界"的自信，何以"评好"当代中国。因此，写作者动笔之前，务必认真梳理新时代新成就，并用国际化坐标来审视，加深理解，增强自信，以提高文章选题、立论的格局。以世界眼光观照中国，显然是"好评中国"一个很有价值的角度，值得尝试和努力。

当然，再宏大的评述，都可以从小处着笔。"好评中国"的选题，不妨择取新时代中国的一个微观"切面"入手，通过纵横比较、多维度论证，以小见大，得出令人信服的论点。这个"切面"，可以是一个村庄、一个地区，可以是一条街道、一座城市，可以是一台机器、一个产业，也可以是一个人、一个组织……

值得注意的是，评论文章引用的论据（人物、事件、数据等）应进行严格把关，确保出自权威机构发布、主流媒体报道，避免任何"硬伤"，经得起现实和历史推敲。

让指尖好评与精彩中国同"屏"共振

分享 SHARE

◆ 李群

　　2023"好评中国"网络评论大赛征集活动以"点点星火　汇聚成炬"为主题。回望这一年，神舟十七号成功发射、国产大飞机C919商业航班首飞、杭州亚运会惊艳世界、粮食生产"二十连丰"……这一年，有奇迹、有震撼、有温暖、有感动。

　　每一件大事、喜事，都是时代中的点点星光。无论是破晓的晨光、星灿的微光，还是荧荧的烛光，要让星火汇聚成"炬"，需要广大民众主动点燃，积极奔赴。植根大地、走进现场，聚焦烟火气中的梦中人、奋斗在一线的劳动者，不同的群体身处各自的环境，思考问题的角度也各有所长，不同的音色激荡在互联网上，共同谱写着属于时代的新篇章。每个网民亲身经历的事，都是精彩中国画面中的一笔。以小切口论出大道理，"好评中国"的时代"新音"，就能汇成精彩中国的澎湃潮声。

　　如果细细观察，我们会发现，"好评中国"里藏着中国为什么好的逻辑。中国为什么好？因为在中国共产党的领导下，励精图治，从站起来、富起来到强起来，迎来一次又一次发展跨越，创造了史诗般的人间奇迹。这些奇迹，就在物阜民丰、万家灯火中，在一份份稳稳的幸福中。每一份好评背后都蕴藏着一段故事、一种精神、一份成长，带给我们感动、震撼、启迪。

　　"好评"之好，好在扎根时代。从科技等领域的高光时刻，到市井长巷的烟火气息；从气势磅礴的"大写意"，到精雕细琢的"工笔画"……一篇篇文字、

---

* 　本文 2023 年 12 月 25 日发表于苏州新闻网。

一幅幅图片、一段段视频，都离不开时代的沃土，都富含着时代的气息。在每一个触动人心、涤荡灵魂的文字里、图片里、声音里，都能感受到一些温暖、一缕善意、一股力量，形成星火燎原之势，共塑向上的中国，照亮拼搏奋进的中国，奔赴充满光荣和梦想的远征。

躺在时间的河床上眺望，"好评中国"是一幅新时代《千里江山图》。这里，有剧中人，他们是"好评中国"的评论对象；这里，有大事件，它们构成属于中华民族伟大复兴的嘹亮乐章；这里，评论的字里行间真实记录着奋斗者的每一步足迹……很多网友正因为怀着对祖国母亲深沉的爱，才带着温度，去生动呈现祖国大地奔腾发展的气象，用情用力讲好中国故事，向世界展现可信、可爱、可敬的中国形象。越来越多网友在饱含深情的写作中，升华出爱国表达的新"声"态。

从字里行间感受发展之新，从笔墨风华看家国情怀。一字一句、一撇一捺，都将汇成这个时代的大力量，朝着目标一"网"无前。2023"好评中国"网络评论大赛征集活动即将收尾，网友们更当抓住最后的时间，多多投稿，让指尖好评与精彩中国同"屏"共振，谱写"青春中国"的最美乐章。

"一花一世界" 让好评论破壳而出

◆ 张继 邵江梅

以"新时代 新征程 新青年"为主题的2022"好评中国"网络评论大赛正式启动，面向全国征集参赛作品。大赛的举办既是对网络评论者的一种激励与鞭策，也是对网络舆论生态的一场激流与激浪，必将对中国网络舆论发展带来深远影响。确保大赛取得成功，关键是要催生好作品、选出好作品。何谓好作品，如何让好作品破壳而出，并汇聚磅礴力量，这是网络评论大赛带给我们的思考与启示。

好评论自带泥土芬芳。好作品是扎根中国大地、紧扣时代脉搏、反映时代气息的，脱离实际，凌空蹈虚，华而不实，夸夸其谈，就不可能赢得网民认可。网络评论不是空洞说教，不是自言自语，而是与当今时代和人民群众密切相关。网络评论始终以现实为观照，以时代为观照，以人民为观照。在第二个百年奋斗的新征程中，亿万网民有自己的直观感受与体会，有自己独到的观点与认识，通过自己的所思所想，表达一种情怀与看法，起到一种社会舆论的教育引导作用，起到一种凝心聚力的作用。带有鲜活气息的作品，带有泥土芬芳的作品，才是真正的好作品，也是值得表彰的作品。通过网络评论大赛，让更多网民关心关注平凡小事，用平凡的视角去解读和审视当下中国的发展变化，写就更多带着露珠的网络评论作品，以此汇聚各方力量，推动时代发展与进步。

好评论闪耀思想光芒。好作品是灵动活泼而又充满思考思辨的，无论是文字评论，还是视频评论与漫画评论，评论都只是一种表达手段。我们通过对某个事

---

* 本文2022年5月7日发表于中国甘肃网。

件的表达，关键在传递某种观点和意识，或赞赏，或肯定，或批评，或质疑。好的网络评论是有思想、有灵魂的，而不是刻板的说教与呆板的正襟危坐。网络评论虽然只是一个很小的切片、一扇小小的窗口、一星微弱的亮光，但透过这些小切片、小窗口，我们可以看到一个博大的世界，可以看到更美丽的风景。一花一世界。好评论如同"一滴水可以折射出整个太阳的光芒"。作为网络评论人员，我们在写作评论的过程中，要扎实做好准备工作，要吃透把准国家层面的大政方针，认真学习各种政治理论，具备深刻的洞察力与辨别力，善于从小事件中发现大道理，善于从平凡与日常的生活中发现亮点与亮色，让每篇网络评论都鞭辟入里，都释放出自己独有的思想光芒。通过"好评中国"网络评论大赛，树立风向标，引导广大网络评论人员写出更多有质感、有见地、有启示的好作品。

好评论深受网民喜爱。好作品是能够引起广大网民共鸣的，是能够触动人心的，是网民想看、爱看并且看得懂的。好评论不是千篇一律的模式，而是立体多元的表达，当长则长，当短则短，可文字，可视频，可漫画。网络评论是一种个人观点的表达，也是一种社会舆论的汇聚。网络评论要赢得网民认可，要形成强大的舆论引导力，就要反映人民群众的呼声要求，就要为人民发声，为时代发声。新时代的网络评论，要讴歌新时代、聚焦新征程、激励新青年，要大力弘扬时代主旋律、传播网络正能量，引领广大网民与祖国同呼吸共命运，凝聚团结奋进的磅礴力量。要通过评论者感同身受的视角、深刻独到的思考、温暖人心的笔触，深入阐释党的领导和中国特色社会主义制度的巨大优势，鲜活解读非凡成就、幸福生活背后的理论逻辑、实践逻辑，生动呈现祖国大地奔腾发展的澎湃气象、中华儿女蓬勃昂扬的时代风貌。

03

观点，何以有理有力？

以寓教于评、寓思于事、寓理于形的形象化说理手法，把道理讲得绘声绘色，栩栩如生，通俗易懂。

——苏州新闻网《"网"住天朗气清，"评"出中国精彩》

基于新闻事实中的人民立场，勇于正视分歧，针对错误或片面的价值观激浊扬清，针对多元多样的见解谋求共识。

——《芙蓉国评论·凝心聚力，共画新时代网络评论"同心圆"》

在主流价值的"沃土"中淬炼思想，找到表达的制高点，以科学的见解影响人、以正确的判断引导人。

——《荔枝网评·笔锋常带感情，"好评中国"期待走心力作》

锦言锦句

方法│METHOD
弘扬正能激浊扬清，"无观点不评论"

◆ 蒋萌

评论是新闻写作的范畴之一，它不仅要叙述新闻事实，更要透过新闻事实阐释清晰的观点。

所谓观点，就是思想立意，体现作者究竟想表达什么，要向读者和受众传递什么。观点要有明确的中心思想、清晰的思维脉络、显著的导向性。

观点是构成一篇评论的核心，正所谓"无观点不评论"。

在思想活跃、视角多元的当下，观点可能各种各样。什么是"好"的观点？什么是负责任的媒体人应当书写的内容？什么是主流媒体应向社会传递的正确价值观？

秉承守正笃实，传递正气正能，引导向上向善，必不可少。

观点应立足于讴歌伟大时代

当今世界正在经历百年未有之大变局，我国处于近代以来最好的发展时期，比历史上任何时期都更接近、更有信心和能力实现中华民族伟大复兴。评论员应讴歌伟大时代，唱响主旋律，赓续奋进力量，激发砥砺前行。

比如，《以奋斗与担当写下青春诗行》（《人民日报》2019年5月13日），就是以在纪念五四运动100周年大会上，习近平总书记深情寄语新时代中国青年要担当时代责任为题，倡导广大青年"当此船到中流浪更急、人到半山路更陡之际"，应当"担当起自己的责任，才能不负'天将降大任于斯人'的时代使命，

---

* 蒋萌，人民网专栏评论员。本文 2022 年 5 月 24 日发表于红网。

不负我们这个伟大时代"。

评论强调时代呼唤担当、复兴有赖于奋斗，给人以深深的力量感和使命感，激励广大青年不负历史和民族重托，努力书写属于自己的、更属于国家的精彩篇章。

此类观点立意适用于五一劳动节、五四青年节、十一国庆节等，回顾历史，展望未来，踔厉奋发，笃行不怠。

观点要着眼于凝心聚力

"团结奋斗是中国人民创造历史伟业的必由之路。"中国共产党团结带领全国各族人民战胜各种艰难险阻，取得了一个又一个伟大胜利。评论观点更要紧紧围绕在党的领导下，团结一切可以团结的力量，让广大群众心往一处想、劲往一处使。

结合实例，新冠疫情发生以来，党和政府始终坚持"人民至上，生命至上"。同时，战"疫"更要紧紧依靠广大群众，需要凝心聚力、众志成城。具体到评论写作中，《大力弘扬伟大抗疫精神——学习贯彻习近平总书记在全国抗击新冠肺炎疫情表彰大会重要讲话》（新华社2020年9月8日），新华社评论员指出，"长城内外、大江南北，14亿中国人民同呼吸、共命运，绘就了团结就是力量的时代画卷。最伟大的力量是同心合力，全国人民心手相牵，亿万颗心同频共振，就没有过不去的坎"。

上述观点具有强大感召力。在我们处于百年未有之大变局的今天，具有深刻的现实意义。

此外，在面对各种攻坚克难时，党和政府"以人民为中心"，广大群众凝心聚力，都将迸发出强大的民族伟力，使我们在披荆斩棘中具有充足的信心和底气。

观点当致力于激浊扬清

新闻评论和宣传要坚持以正面报道为主，但对于少数不良现象或作风，也要像"啄木鸟啄虫"一般，激浊扬清。

《把精力用在解决实际问题上》（《光明日报》2019年3月13日）一文中，光明日报评论员指出，"在全国上下勠力同心，全面建设小康社会的今天，我们对少数干部在工作中表现出来的形式主义决不能掉以轻心"。"纠正'四风'构成了加强党的作风建设的主要内容。作风建设的核心问题是保持党同人民群众的血肉联系。"评论还写道："对基层干部，我们要高度重视，真挚关心，让他们在事业上有干劲有奔头，在生活上受帮助被爱护。"

既不回避少数干部存在形式主义作风问题，又指出应当重视关心广大基层干部，这样的观点是理性的，也具有建设性。

评论同样肩负着舆论监督的使命。客观严谨、恪守尺度、去芜存菁，这样的"笔力"需要评论员不断锤炼。

文无定式，评论观点"不拘一格"。上述观点或可"抛砖引玉"，希望给参与"好评中国"网络评论大赛的作者一些启示。严谨、理性是评论者应当恪守的职业素养，讴歌伟大时代、着眼凝心聚力、致力激浊扬清更是新闻工作者的责任。

方法 | METHOD
阐明观点，要明确为谁而写、写给谁看

◆ 翟亚菲

如今，互联网不仅成为人们获取信息的便捷渠道，还成为思想碰撞、观点交锋的主要载体。一方面，当看到各类新闻资讯时，我们总有通过更专业、更深刻的观点来理顺思维、看清新闻背后逻辑和本质的需求；另一方面，"人人都有麦克风"，人们也越来越表现出主动表达观点，并与他人互动的意愿。

网络评论正是在这一背景下衍生的。在某种意义上，2022"好评中国"网络评论大赛顺势而为，与网络评论发展趋势接轨，鼓励以文字、视频、漫画等多种作品形式参赛，为我们搭建了一个展现风采与才华的平台。万变不离其宗，任何形式的网络评论都离不开好的"观点"本身。那对网络评论写作者来说，应该如何在纷繁复杂的信息海洋中，抓住关键信息、阐明立场观点，如何从"百家争鸣"的各类作品中"脱颖而出"？

因爱而生：明确为谁而写、写给谁看

1963年3月5日，《人民日报》发表毛泽东主席的亲笔题词——"向雷锋同志学习"，号召全国人民学习雷锋的共产主义精神品质。当天，北京军区战友文工团的吴洪源就一鼓作气，为《学习雷锋好榜样》这首脍炙人口的歌曲完成了作词。

"爱憎分明不忘本，立场坚定斗志强。"这句歌词是雷锋精神的具体体现。这种精神不仅应被历史铭记，更值得渗入每个人的言行和内心。这给网络评论写

---

* 翟亚菲，环球网评论部总监。本文 2022 年 5 月 23 日发表于红网。

作者的启示是，写作要形成并阐述观点，一个重要前提就是站稳立场。通俗地说，就是要明确是为谁而写、写给谁看。

网络空间是亿万民众共同的精神家园。网络空间天朗气清、生态良好，符合人民利益。网络空间乌烟瘴气、生态恶化，不符合人民利益。一篇好的网络评论作品，所阐述的观点需要符合人民利益，需要呼唤正能量。

无论如何，每一位网评写作者都应具备朴素的爱国主义情怀，用心学习和理解党和国家的重要政策和重要方针，通过深入浅出的方式表达或阐述，用能够形成大众情感共鸣和心理认同的方式，让更多的读者能够清楚理解问题、正确认识问题和有效解决问题，起到正面引导舆论的作用。

知势而动："争分夺秒"与"欲速不达"的辩证统一

随着数字技术的发展，互联网信息的更新迭代也越发快速。从一般传播规律来看，网络评论应该紧跟新闻热点、迅速主动出招，第一时间占领舆论先机、形成话语主动权，才能在舆论场上占据传播优势。

诚然，互联网信息时代就是"争分夺秒"的时代。当一个新闻事件发生后，尤其是当事实较少、未经理顺，抑或超出预期或理解范围时，大众往往有着寻求进一步解读或观点的普遍心态。于是，谁能在更短的时间内完成网络评论的撰写并发布，谁就更容易被舆论关注，占据话语主动权。当一个或一些正被期待的观点问世时，大众常会表现出"群起而追之"的行为，从而形成舆论走势。

而"追"的结果，又会有两种。一种是"追"到观点清晰、逻辑合理的评论观点，说出了人们想表达又没表达出来的内容，赢得多数人的共情、信任和认可。另一种是由于新闻资讯本身信源模糊、碎片传播等原因，出现不同程度的反转。在未厘清事情真相之前，解读观点往往就是片面的、不客观的、无效的，还可能会引导大众形成错误判断，对网络舆论整体环境造成不良影响。

网络评论写作者在阐述观点时，应注意"争分夺秒"和"欲速不达"的辩证统一关系。要在充分了解事实的基础上，尽快做出相应观点阐述。而对于事实不清或出现疑点的资讯报道，也要有"让子弹飞一会儿"的判断能力和逻辑定力，做到知势而动。

总之，为谁而写、写给谁看，这是网络评论写作要回答的根本问题。事实上，我们从2022"好评中国"网络评论大赛的征集方向中，也显然可以看到，大赛正期待网络评论写作者通过感同身受的视角、深刻独到的思考、温暖人心的笔触来上传或创作作品。于广大青年而言，他们参与这项大赛，就是为生动呈现祖国大地奔腾发展的澎湃气象、中华儿女蓬勃昂扬的时代风貌而写，希望作品能展示新青年一代奋进向上的意志与决心。

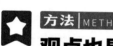

观点也是"肉"做的

◆ 王涵

　　"文字是肉做的",这是董桥一本小册子的名字,他说"人心是肉做的,我相信文字也是"。在观点的构建与论述中,如何至真至纯,拣择那些"尖锐而不凉薄""入世而不低俗"的文字来说服大众?

　　新闻报道要打动人,需要优美凝练的语言,评论文章要说服人,并无二致。在传统的新闻评论中,事实、分析、观点、说理、推导、逻辑是一门技术,将这一过程以新鲜有料的故事、优美平易的语言进行呈现,却是一门艺术。

　　20年前的一篇中国新闻奖作品《微笑,并保持微笑》至今仍被奉为经典,这篇写在非典肆虐时期的评论,作者以四个英语单词(smile and retain smile)对SARS进行全新诠释,传递迎战非典的乐观与战胜非典的信心。一个"梗",小喻大,近喻远,实喻虚,把抽象的道理、空洞的口号具象化,娓娓道来而充满感染力,远远超出单纯说理的效果。

　　我所在的红星新闻评论,从品牌创立之初,就把"观点有趣　行文至软　理性有力"作为座右铭,无论时评还是政论,都追求想人事、说人话,有同理心、有代入感。

　　比如,以城市中心工作为主题撰写的《成都,世人皆羡你多变　我独钟意你未变》,就是一篇典型的"别样政论"。城市进入新发展阶段,如何凝聚人心?用政治话语讲,是直面新需求、问脉老问题,沿着城市发展规律矫正城市发展路径,去撬动城市千年空间格局,去重塑城市产业经济地理格局。稿件没有单向输

＊　王涵,红星新闻评论主编。本文 2022 年 6 月 7 日发表于红网。

出，而将自己放置于普通市民的视角，体会变与不变，把"不变的城市精神、文化特质"和"变化的城市能级、格局路径"作为题眼，一读惊艳，二刷很惊艳。

又比如，作为2022年新年献词的《小小的你我，撑起大时代苍穹》，先描述"俞敏洪们集体转向，宣告了教育资本时代的结束；黄铮们退居二线，反垄风暴呼啸而来；薇娅们偷漏税案被查，预演二次分配对社会公平的调节……'毒贩妈妈'李芳被法内开恩，那场灵魂砍价的拉锯战中，一句'每一个小群体都不该被放弃'让所有人动容"，再写到"人最渺小的愿望，是活着；人最无畏的勇气，也是活着，安全而幸福地活着。俯视过往的2021，我们彻悟到，大时代苍穹之下，是由无数个鲜活的小我撑起来的"。这种情感的共鸣，不仅是一种感受的力量，更能成为一种动力，以情的感化，达到"于迷雾中洞察，于低迷时激昂，于无声处振臂"的力量。

还有近期的一篇《"7个热搜"之后，我们拿什么送给节日里的孩子？》，当我们对问题插画频出的事实无言以对，对不断冲上热搜的公众关切如坐针毡时，留在笔下说理的不过是几件小事：被称作"百年语文第一书"的《澄衷蒙学堂字课图说》如何令胡适、丰子恺、梁漱溟等名家大师言说"那是我幼年最得益的时期"？叶圣陶先生在编写新中国第一套"全国通用中小学教材"时，又是如何精修细审、精益求精的？——文笔浅浅，道理已跃然纸上。

如果说论点是评论的灵魂，那么论据就是观点的血肉。新闻评论在表达观点的过程中，不应该是干瘪的，而要努力让文字丰满起来。公开见诸媒体报道的故事、现象、数字，在生活中被人们广泛接受的常识、原理、定律，还有那些名文、名篇、名句，都可以厚积薄发、佳句天成。优美而可读的文字，在任何体裁中都给人一种愉悦的享受，如果能从文字的温度里体察观点的力度，何乐而不为？

当下，"好评中国"网络评论大赛以刷屏之势搅动青年舆论场，激发了很多青年学子表达、抒发、析辩的冲动，以鲜明的观点和立场，引领社会思潮，本身就是青年的使命和担当。我相信在我们传播向上、向善力量的过程中，人性中最美好、柔软的部分，应该一直留驻笔端。

思想有深度，好评才有厚度

◆ 陈与夕

2022"好评中国"网络评论大赛集全网之关注，引各界之反响，汇众家之力作。立意高远，自有澎湃之势；观点笃定，自有文风论骨；论述走心，定能评好中国。

有思想的"中国好评"，坚持守正创新，写作至上，内容为王。自"好评中国"开赛以来，各类既"立论"又"立心"的精品佳作频出，展现出网络评论发展的蓬勃态势。兰亭虽已矣，文风千年传。铁肩担道义，妙手著文章。我评即我思，我思即我爱。中国好评的内核，是对广袤的中华大地始终保有赤子之心和真切热爱，关注新闻事件和现实生活中的中国人，关注时代征程中的国家和社会。习近平总书记指出，"一切有价值、有意义的文艺创作和学术研究，都应该反映现实、观照现实，都应该有利于解决现实问题、回答现实课题。"中国好评的内容，从不悬浮于云端，而是扎根于土地。为逻辑"立论"，为人民"立心"，"好评中国"汇聚贴近生活、贴近实际、贴近群众的好作品，传递向上、向善的中国力量。

有思想的"中国好评"，传递穿透热点的冷思考。网络评论的影响力归根结底取决于思想的穿透力。全媒体时代，热点事件层出不穷，舆论走向时有反转，主流观点、主流价值的传播和引领不可或缺。如何提纲挈领，透过现象看本质，维护风清气正的舆论生态，值得广大评论创作者多加思考。关注新闻事件不等于迎合热点、追随流量，让评论跑在新闻前面。相反，"中国好评"闪耀着思辨的

---

* 本文 2022 年 6 月 27 日发表于大江网。

光芒，凝聚了创作者的理性思考、综合分析。发挥好网络评论的独特思想优势，既要有抽丝剥茧的判断，又要有易于理解的语言，赢得读者的关注，寻求读者的共鸣，从而使读者在鱼龙混杂的网络信息中有更加清晰和准确的判断，让主流价值深入人心。

有思想的"中国好评"，为人民群众提供更多"信息增量"。"意匠如神变化生，笔端有力任纵横。"网络评论的创新不仅是就形式而言，也是就内容而言。以政经要闻和各类新闻热点事件为基点，评论创作者的任务就是以思想为钻，带领读者和网友们不断向纵深发掘，给读者以看问题的深角度。篇篇中国好评之所以能让广大读者眼前一亮，在于不堆砌辞藻、不谈空说有、不浮于表面，而是用有价值的观点吸引人，用有意义的思考启发人，用有增量的论述打动人。

适逢盛宴，众友云集，思想的交流碰撞出赛事的璀璨。"好评中国"网络评论大赛为业界和学界探讨新闻评论如何在创新中守正、在融合中发展，提供了一个广大的平台。思想有深度，好评才有厚度。期待心怀"国之大者"的评论创作者们踔厉奋发、笃行不怠，持续创作出有温度、有深度、有厚度的"中国好评"。

让思想插上翅膀，奏响中国最强音

分享 | SHARE

◆ 婧蓝

新时代呼唤新作为，新征程谱写新篇章。以"新时代　新征程　新青年"为主题的2022"好评中国"网络评论大赛在湖南长沙正式启动，面向全国征集参赛作品。

"你所站立的这个地方，正是你的中国，你怎么样，中国便怎么样"，青春的模样，就是中国的模样。千秋伟业，百年正是风华正茂。青春之中国，需要一代又一代的青年人为之努力和奋斗，让我们今天的努力，不负昨日的期盼；以我们今天的成绩，告慰昨日的牺牲。一滴水可以折射太阳的光辉，一场网络评论大赛，不仅能够汇聚正能量、发出好声音、展示新形象，更能够反映我们这个时代的青年精神风貌。青年兴则国家兴，青年强则国家强。波澜壮阔的百年征程，青年写下了光辉一笔。奋进新征程，中国青年要把爱国情、强国志、报国行融入具体的工作中，用"青春"之笔，绘就奋进中国"同心圆"，让青春身影更高大，让青春之歌更响亮。

以"青春"之笔，书写"声"生不息的新时代。"国家，不可一日无青年；青年，不可一日无觉醒。"回望来时路，一群平均年龄28岁的中国青年点燃了革命火种，他们以自我的觉醒，唤醒了沉睡的中国；立足新时代，青年要赓续红色血脉，要让一代又一代青年为国家、为民族不懈奋斗的精神在我们身上发扬光大。从点燃"革命火种"到"星火燎原"，百年之路，无数青年写下感天动地的史诗，新时代的青年当以"青春"之笔，延续革命前辈未竟的事业，为中华民族

---

* 本文 2022 年 4 月 29 日发表于红网。

的伟大复兴绘出新的光彩。

以"青春"之笔，谱写"声"机勃勃的新征程。"我们看到的、感悟到的中国，是一个坚韧不拔、欣欣向荣的中国。"朝气蓬勃的中国，源于朝气蓬勃的青年，他们的一言一行都在改变着我们的国家，他们的每一个故事，都凝聚成国家前行的正能量。青春是一首歌，唱出了时代的精气神；青春是一支笔，写下了"强国有我"的郑重承诺。奋进新征程，我们要讲好中国故事，传递青年声音，让更多的青春诗篇熔铸成中国源源不断的前行力量，让广袤中华大地焕发勃勃生机。

以"青春"之笔，描写"声"入人心的新青年。青春，是用来奋斗的，奋斗的青春方能绽放绚烂的花朵。"同人民一道拼搏、同祖国一道前进，服务人民、奉献祖国，是当代中国青年的正确方向。好儿女志在四方，有志者奋斗无悔。"国家的发展离不开青年，离不开青年声音，以"青春"之笔，书写埋头苦干的答卷，在党和人民需要的每一个地方，让青年生生不已，为推进崇高事业提供深入人心的青春评论。

"一个有远见的民族，总是把关注的目光投向青年；一个有远见的政党，总是把青年看作推动历史发展和社会前进的重要力量。"从昨天到今天，"青春"之笔写下无数动人的青春故事；从今天到明天，仍需要一支"青春"之笔书写真知灼见，让思想插上前行的翅膀，奏响奋勇向前的中国最强音。

以"评"发声 讲"好"时代故事

◆ 张弛

　　以"新时代 新征程 新青年"为主题的2022"好评中国"网络评论大赛正在进行中，有思想、有温度、有品质的"好评"不仅传播网络正能量，更凝聚起团结奋进的磅礴力量。

　　时代滚烫，"好评"如潮。如果说，"好评中国"是在传播网络正能量，那么面向青年朋友的征集，正是在导入大流量。承百代之流，会当今之变。走进新时代，中华民族越发自信，今日中国欣欣向荣、蒸蒸日上。"网络空间已经成为人们生产生活的新空间，那就也应该成为我们党凝聚共识的新空间。"评出时代精彩，讲好中国故事，凝聚人心共识，网络评论大有可为。

　　以"评"发声，讲出新时代的"好故事"。"紧扣时代脉搏、坚守人民立场、坚持守正创新，用情用力讲好中国故事。"文艺创作如此，网络评论同样理应如此。网络评论创作的过程就是一种感情和思想的喷发过程，只有立于触动灵魂的事件，才会想说话、说真话，才会给读者带来新感觉、新启发。"好评中国"激发青年表达欲，讲出铭刻内心深处的高燃、骄傲、拼搏与致敬瞬间背后的故事，亮出字字珠玑的观点金句，具体而微地塑造着可信可爱可敬的中国形象。

　　以"评"发声，关键是要把故事"讲好"。真理的味道是甜的，但要让人愿意品尝且真正品尝到真理的味道并非易事。正如作家梁衡所说："真理的内容是一回事，表达方式又是一回事。"如何用更加新颖、更贴近网民需要的表达方式，由此及彼、由浅入深，渐入佳境地讲好中国故事，进而感染人、影响人，考

_____

* 本文2022年6月11日发表于红网。

验着网络评论作者的能力和水平。而在"好评中国"大赛涌现的作品中，人们惊喜地发现，漫评、金句、海报等新表达方式层出不穷，在举重若轻中画出"同心圆"。

以"评"发声，"讲好"的根本在于思想。1978年5月，《实践是检验真理的唯一标准》提出了极具震撼力的新思想，人们至今对这篇文章记忆犹新。实践证明，写文章，尤其是评论文章，就像开矿一样，是为了开采出新的思想，交流新的思想。"好评中国"鼓励广大青年以"评"发声，就是期待每一篇"好评"都能从当下中国的奋发拼搏中提炼出思想的结晶，用拨云见日的观点讲出中国之好，以思想的魅力引领形成网上网下对昂扬向上新时代最广泛、最深刻的价值认同。

古人云：文无定法，行云流水。"好评中国"敞开观点表达的大门，随着赛事推进而不断涌现的"好评"——描写而不单调、叙事而不拖沓、抒情而不做作、说理而不枯燥。忽如霹雳闪电，忽如桃花流水，以"评"发声讲"好"时代故事，"好评中国"必将擦亮思想星光，汇聚同唱中国好的时代强音。

04

谋篇布局，
何以巧新？

在结构韵律间，论学、论理、论据；在追踪时事时，为现实而作，以小见大，献一方之智；在贴近平凡里，传递大众声音，打破程式化、化解艰深感。

——《芙蓉国评论·高擎"好评中国"风向标，汇聚磅礴伟力绘芳华》

创作网络评论是需要功力的，运用好"学思悟践"的方法论，就能打造出熠熠生辉的作品。

——《光明网评·"好评中国"，交上一份属于青年的答卷》

好评论创作方法纵有一百条、一千条，现实和人民始终是创作好评论的"源头活水"。

——《中安时评·"好评中国"，筑牢主流价值的"主心骨"》

 锦言锦句

方法 | METHOD

写好网络评论，既要有"思想"更要有"方法"

◆　高明勇

随着网络的重要性与影响力日渐凸显，网络评论的价值也在一个个新闻事件中更加彰显。当网络评论遍地开花、随处可见时，如何写好网络评论，对于写作者而言，也成为重要命题。

作为网络评论的写作者，除了必备的知识、经验和恒定的认知能力，想写出更好的评论，需要突破一个最大的障碍，就是拥有自己的认识论与方法论。也就是说，写好网络评论，既要有"思想"更要有"方法"，从"方法"上升到"思想"，从"具体"上升到"抽象"。

一般来说，"思想"很容易被人理解为"三观正确"，"方法"则容易被理解为"写作套路"。"三观正确"＋"写作套路"，似乎已成为一些网络评论写作者的"秘籍宝典"。如果从个人写作网络评论的体悟而言，无可厚非，但如果是"写好网络评论"，还是有"传统"可鉴、有"规律"可循、有"定法"可依的。

就评论史的演进而言，有两个显著的传统，一个是"文人论政"，另一个是"学人问政"。简单理解，"文人论政"的本质特点是铁肩道义，激浊扬清，凸显责任与担当；"学人问政"的重要特点则是依托专业知识与素养参与公共事务的表达和介入。这些"传统"也为网络评论写作提供了学理素养和重要参考。

现结合评论写作、公共表达等方面的经验，列举一些网络评论写作的"方法"，希望能为涌现更多"好的网络评论写作者""好的网络评论"抛砖引玉。

＊　高明勇，政邦智库理事长，凤凰网原评论总监。本文 2022 年 5 月 26 日发表于红网。

1．批判性原则。批判性思维可以算作评论写作的"第一性原理"，秉持问题意识去观察与思考问题，是评论写作的安身立命之本，也是有别于其他文体的关键所在。在好的写作者眼中，评论不是赞歌，不是颂德，批判性思维是解决"为何写"的问题。

2．重要性原则。网络评论的一个显性特征，就是发言的门槛相对更低、更便捷，既可能出现众说纷纭，观点争鸣，也容易出现众声喧哗，一地鸡毛。"重要性"就显得无比重要。作为好的写作者，必然会优先考虑"写什么"的问题，将最值得评论的事情/新闻/现象作为表达的核心议题，而不会将注意力消解在鸡毛蒜皮和家长里短里。

3．独我性原则。同样一个话题，每个人都可以去评论，那么，作为好的写作者，一定会面临为什么是"我在写"的问题，就是说，"我"有何独一无二之处？"我"的知识框架更独特，"我"能深挖并占有更关键的材料，"我"的观点更为新颖，还是"我"拥有独家的"撒手锏"？

4．专业性原则。网络新闻五花八门，话题现象目不暇接。都说"外行看热闹，内行看门道"，好的写作者，除了告诉读者先看信息真假，再论事件是非，更能穿越信息的泡沫，穿透事件的表象，运用专业知识，驾驭专业工具，审慎证据分析，摈弃"热闹"，写出"门道"，用看到的"真相"——判断与预测，趋势与走向——来解答"如何写"的问题。

5．情感性原则。网络评论里的"情感"，越来越关键，不管作为写作者，还是作为评论的受众，都容易"动情"。而好的写作者"不乱写"，会非常谨慎地面对这个"考验"：既不是简单的"零情感"，也不是滥情抒情，既可以触动情绪、饱含深情，也能克制情绪、警惕煽情，有节制、有节奏地去表达。

6．聚焦性原则。网络评论不像报纸杂志等传统媒体评论那样，有明确的篇幅限制，这导致写作者的"表达欲望"容易汪洋恣肆。好的写作者，"不瞎写"，会注意写作效率与行文节奏，聚焦目标，步步为营，"一竿子插到底"，讲清一个问题，说透一个道理。

7．审美性原则。好的网络评论写作者，最容易让人看到的"与众不同"的地方，一定是"文风"：语言风格与话语调性，或鲜活，或朴质，或通俗，或雅致，自成风格；"不胡写"，杜绝"粗鄙化"，不当"炫技派"，警惕"斗争式"。所谓网络空间的天朗气清，一定是从语言选择上开始的。

8．有效性原则。相比于其他文体而言，网络评论写作的"有效思维"尤其关键，好的写作者"不硬写"，既会考虑到谋篇布局，还会考虑到传播效果，既对选择词语进行咬文嚼字，还会通过字斟句酌来管理"笔墨"，从而保障评论的"有效性"。

9．理解性原则。好的评论写作者，一定会牢记"笔下有财产万千，笔下有人命关天。笔下有是非曲直，笔下有毁誉忠奸"；也一定会牢记"宽容比自由更重要"，只有"不妄写"，基于"理解"地"表达"，才会让网络评论的价值更为"重要"。

这九条"方法"，前四条关于"内容生产"，后五条关于"内容陷阱"。这些"方法"只可意会，不可言传。相信如果有人立志要成为"好的写作者"，可能会背下这些"方法"。但是，还是要说一句，即便这样，成为一个"好的写作者"的概率还是无法让人乐观。

当然，当写作"走投无路"时，可以想想果戈里的那句名言："没有什么，你就拿起笔写：'我今天什么都写不出来。''我今天什么都写不出来。''我今天什么都写不出来。'总这样写；最后，就写出来了。"

然后，想写出"好的网络评论"，可以再看看这句话：写好网络评论，既要有"思想"更要有"方法"。

方法｜METHOD
评论要言之有物，也需言之有序

◆ 符万年

古人做文章讲究"言之有物"，就是有内容、内容丰富翔实；"言之有理"，就是有真知灼见，能揭示事物的内在规律；"言之有序"，就是指文章的谋篇布局与层次安排合理、逻辑顺畅。刘勰在《文心雕龙》中所说的"振本而末从，知一而万毕矣"，其中的"本"，就是指篇章结构。

评论的结构就是对评论谋篇布局的总体设计，也是对评论逻辑思路与层次的总体安排。评论的结构包括：如何开头，怎么结尾，怎么过渡衔接，中间怎么展开，各部分之间的逻辑关系如何处理，等等。

新闻评论结构安排的基本原则

内容决定形式。评论的结构归根结底属于表现内容的形式的范畴，应根据评论所要分析的事物或所要论述的问题的实际情况、内在逻辑联系和发展变化规律来安排观点、材料及前后顺序。也就是说，其结构安排最终取决于评论内容本身的内在逻辑关系，怎样能更好地表现这种逻辑关系、如何能更好地证明观点，就该怎样安排结构。

要遵循传播规律。新闻评论是给受众看或听的，是一种大众传播形式，其结构安排必须遵循传播规律。因此，新闻评论的结构还应根据受众的文化水平、接受能力、认识规律、心理需求等来确定逻辑思路和谋篇布局。一篇新闻评论只有让受众喜欢看或听，看或听时方便、顺畅才能算是结构合理。

* 符万年，西北政法大学新闻传播学院法治新闻系主任、法治新闻研究所所长。本文2023 年 12 月 19 日发表于红网。

要考虑评论的个性。新闻评论有不同的类型、体裁、风格，刊播的媒介、媒体、栏目（节目）也不同，这都会影响到其结构的安排，这就是评论的个性。评论的结构安排还应在遵循评论基本原则和基本规律的同时，体现体裁、栏目及作者的个性与风格。

新闻评论结构的基本要求

论点和论据的统一

这是新闻评论结构安排最重要也是最基本的要求，具体是指评论的论点要能很好地统率论据，论据能够充分有力地证明论点，两者能够很好地统一在评论中。

论点、论据、论证的概念

论点，就是评论要告诉受众的见解、观点、论断和结论，也就是新闻评论的立论。论点又分为总论点和分论点，一般来讲，只有较长的评论才有分论点；小型评论，像短评和编者按语只有中心论点。好评论应当提出人人意中所有但笔下所无的见解，让受众看或听了后觉得："说得太对了！太有道理了！但我怎么就没想到呢？"如果一篇新闻评论能达到这样的效果，就是有了好的论点。

例如，《华商报》曾刊发过一篇新闻评论，作者对大家司空见惯的一个现象提出了自己独到的观点：经常见到很多小区门口的保安对进出的车辆驾驶者敬礼，而对骑自行车和步行出入小区的人，保安则会视而不见。作者认为保安这么做不太合适，有嫌贫爱富之嫌。作者进一步分析说，开车的无非分两种：一种是私家车，有私家车的人一般要比没车的人有钱；另一种是公车，能开公车的人一般是相当级别的官员，比没有公车的人有权。因而开车的人非富即贵，敬礼是对人尊敬的表示，保安给开车的人敬礼，实际上尊重的是金钱和权力。看了这篇评论的人都觉得作者说得很有道理，其实很多人都看到过这个现象，却没有人写出这样的好评论。这样的论点就是好论点。再如，下面这篇新闻评论也提出了人人意中所有但笔下所无的见解。

不如取消教师节

杨支柱

2013年9月11日《南方都市报》

最近关于教师节应该选在哪一天的争论有点热闹，有人主张改在孔子的生日，有人主张维持现状。这种争论有一个共同前提，就是设立教师节是天经地义的。

给特定职业设立节日，可以说，三百六十行、行行都有理由给自己设立一个节日。医师认为自己治病救人，应设立医师节；记者认为自己是"无冕之王"，应该设立记者节；法官认为自己代表公平正义，应设立法官节；刑警认为跟犯罪做斗争有生命危险，应设立刑警节；清洁工认为干净了别人脏了自己，应设立清洁工节；园丁说"教师是辛勤的园丁"只是一个比喻，教师都有自己的节了，我们真园丁反倒没有，多不公平？……这样的话，一年只有365日，即使天天过节，日子也不够用。

有人说："哪一个职业群体不是经过对应的教师培养出来的？孩子的培养决定祖国的未来，教师是灵魂工程师，是其他职业无法攀比的。"这种特权主张根本就站不住脚，试问哪个群体的案子不是法官判的？哪个群体的人生病了不找医师？绝大多数的职业是为所有的人服务的。孩子的培养固然重要，但医师挽救孩子的生命难道不重要？警察保护孩子的安全难道不重要？生产儿童食品、药品事关孩子的安全、健康，地震中校舍垮塌的惨痛教训说明建筑施工同样不可忽视。已经有儿童节了，没有必要因为关乎孩子就再设立一堆节日。

所有为特定职业设立的节日都有跟设立教师节相当的理由，似乎没有教师节的危害：绝大多数其他职业的节日收礼的可能性小了，即使收礼也不至于毒害孩子的心灵。在中小城市的中小学和公立幼儿园的教师从学生或学生家长那里收礼的比较多，大城市和农村中小学要少些，大学可能更少。

有人不承认给教师送礼有行贿性质，譬如郑旭光先生说："家长送礼给老师，相当于过去所谓束脩吧，怎么会毒害孩子心灵呢？"想不到郑先生竟不知公立学校跟私塾性质不同。一个人可以花钱请私人侦探，送什么礼给私人侦探都是他的自由；但是送钱给警察的话，不是贿赂是什么？

有人说一个班几十个学生，教师不大可能因为某个学生或学生家长不送礼就歧视孩子，送礼是家长表达感谢的行为，礼尚往来是传统习俗，说明我们是个懂礼的民族。这就更扯了。世界上绝大多数行贿者并不是为了免遭歧视，而是为了求得优待。自古以来给教师送礼大部分是单方面的行为，教师给学生或学生家长送礼的不是没有，但比例和礼品价值都要低得多。给公立学校教师送礼和给私塾教师、家庭教师送礼性质不同，不能用"自古已然"来混淆视听。单纯表达感谢确实是一种美好的感情，但应该在学生毕业以后，以免影响教育公平。那时拜年、祝寿都可以，看已毕业学生自己的时间方便，何必非要弄个教师节？

有人说送礼是社会风气问题，如果社会风气不好，那么即使没教师节也会送礼；社会风气好，有教师节也不会送礼。这话有道理但不全对。没有教师节，学生父母送礼就不可能这么集中，就不会因为送礼集中而公开化，从而减轻父母送礼给老师带给学生心灵的毒害，也减轻了不送礼的学生父母感受到的压力。

论据，就是用来证明论点的材料，是评论论点得以成立的依据，是判断和推理的基础。其作用在于形成论点、引发议论和证明论点。

论据分为以下几种：

1. 事实论据，就是能够直接或间接证明论点的、有说服力的事实，可以是新闻事实，也可以是作者耳闻目睹、亲身经历的事实，甚至是历史事实。

2. 理论论据，指已经被证明了的科学原理、定律，人们公认的格言、谚语、道理，经典思想家（比如马克思、毛泽东）揭示的经过实践证实并为人们所公认的结论、论断、原理、言论等。

3. 数字论据，主要是国家统计部门或其他权威机构发布的可信的统计数据，以及其他可靠的数据，这些数据虽然不是具体的而是概括的笼统的事实，但很多时候却比单个的事例更有说服力。

4. 故事和典故论据，我国几千年的历史与文化留下了很多精彩的故事、典故，有寓言故事、神话故事、民间传说、成语故事、文学典故、历史典故等，恰当地引用这些故事和典故也能很好地证明论点。

论证：揭示论点与论据之间的逻辑关系，使论点得以确立和得以证明的过程和方法，也就是运用论据证明论点的过程和方法。

怎样做到论点和论据的统一？

首先，要坚持实事求是的原则，即将论点建立在全面充分的事实材料的基础之上，这样才能使论点和论据的统一建立在科学的基础上。最好能做到论点是作者在分析了大量材料后从中总结提炼出来的，这样论点就是从材料中诞生的。材料与论点水乳交融、相辅相成，材料能充分有力地支撑和证明论点，论点能完美地统率材料，在行文时就比较容易做到论点和论据的统一。这在自己确定选题自定题目写作新闻评论时很好做到，但在奉命写作命题评论时则不容易做到。写"命题作文"时题目是上面定的，往往论点也是别人给的，这时要坚持实事求是的原则就比较困难了。实际上，别人给的论点往往也是他人从大量的事实材料中提炼出来的，我们要做到实事求是，只需要找到足够支撑这个论点的事实材料就可以了。

其次，要正确处理论点和论据之间的辩证关系。新闻评论写作的过程可以分为两个阶段，即构思阶段和论证阶段。在不同的阶段，论点与论据之间的关系是不同的。在构思阶段，对待论据和论点的正确态度是论据（材料）在先、论点在后，材料为主、论点为次，要从充分的材料中提炼出论点，材料要多多益善；在论证阶段，论点则要反客为主，论点要统率论据，论据要为证明和支撑论点服务，此时论据不在多而在精，要选择那些最能证明论点的论据，用两个论据就能完全证明论点，就绝不用第三个论据。

注意克服一个常见、易犯的毛病：掌握的材料不充分、不精，而写时又舍不得抛弃，初学者和水平低的作者经常会犯这个毛病。实际上这是材料收集得不充分，或者分析的功夫下得不够，导致论点不是完全从材料中提炼出来的，掌握的材料不足以支撑论点，论点也不能完全统率论据，以至于论点和论据是两张皮，相互分离。作者在写作时还舍不得扔掉那些不能很好地证明论点的不太合适的材料（因为扔掉就没东西写了），写出的评论就会又臭又长，还没有什么说服力。

既要考虑事物的内在逻辑关系，又要考虑人们认识事物的思维习惯

新闻评论同其他议论文一样，也是根据事物的内在联系来安排结构的。事物内部有因果、主从、条件、并列、递进等逻辑关系，新闻评论也要像其他议论文一样依据它们来安排层次、布局谋篇，这也是新闻评论结构安排的第一项原则。

但是，新闻评论又不同于一般的议论文，它还有自身的特点和要求——要力求让多数受众看得懂、愿意看甚至喜欢看。这就要求它在谋篇布局时还要考虑人们认识事物的规律和思维习惯。

人们认识事物的思维习惯主要有：由近到远、由浅到深、由具体到抽象、由现象到本质等。好的新闻评论总是将两者有机结合起来，既把道理讲得深刻透彻，又让受众喜闻乐见。例如，下面这篇题为《听专家算账》的报纸评论，其结

构安排就是由近到远、由浅到深、由具体到抽象、由现象到本质的，同时又遵循了事物内在的逻辑关系。把道理娓娓道来，让读者不由自主就读下去了，一直到评论的最后，作者才水到渠成地提出论点。

听专家算账

詹国枢

1998年5月19日《经济日报》

没听过专家算账，偶尔一听，很有意思，很受启发。

专家共有两位，一位是香港的投资分析专家，一位是新加坡的城市规划师。听专家算账者，并非本人，而是深圳万科集团总裁王石。

王石为何要听专家算账？原来他接了一笔大生意，或者说发了一笔大财——沿海某新兴城市的市长大人，听说万科搞房地产十分在行，便打算以极小的代价，几乎是"送"给万科集团40平方公里土地，让他们来开发，搞地产。

40平方公里！好家伙，差不多相当于深圳市2/3的面积！王石自然喜不自胜，摩拳擦掌，准备大干一场。

大干之前，王老总还算冷静，请来两位专家，听他们算算这40平方公里的投入产出账。

两位专家的账，算得非常明白。

一是投入账——每开发1平方公里土地，必须做到水电路等"七通一平"，1平方公里约需3亿元，40平方公里共需120亿元。

二是产出账——每1亿元资金投入，需有1.3亿元产出，这才算有效投入。120亿元投入，产出应该是150亿元……

以上故事，是从北京青年报记者陈玉明的文章中看到的。这篇叫作《加法的海尔与减法的万科》的长篇通讯，写了不少发生在海尔和万科的耐人寻味的故事。两位专家的账，其实并不复杂，甚至不用请专家，稍有基建常识者，都能算得出来。奇怪的是，为什么这么一个简单的常识，却被堂堂万科老总给忽略了，乃至差一点干出蠢事来呢？

认真说来，王石老总的头脑发热，也怪不得他。现实生活中类似的现象还少吗？当某一件事尤其是一件异乎寻常的好事降临到我们头上时，我们不也晕晕乎乎，差点找不着北吗？

你看这些年我们干了多少"开发40平方公里"的好事？有多少开发区的多少个"40平方公里"还在那里伸长脖子等待着热情的投资者？有多少彩电、冰箱、空调、洗衣机、VCD生产线还在那里等待着热情的购买者？有多少上万甚至数万平方米的大型超市大型商场还在那里等待着热情的消费者……

决策失误是最大的失误。而头脑发热、重复建设——决策过程中这相伴相生的两大痼疾，已经并还将给我们的经济建设带来难以估算的后患。从一定程度上说，当前国企职工的大量下岗，当前国企效益的连连下滑，都同这毛病直接有关。

治病，尤其是治老毛病，确实很难。不过，在拍板上项目之前，先得请专家——真正的专家——来算算账。这一条，是否可以成为一个规矩，把它定下来呢？

贵在创新，反对模式化

这原本是所有文章布局谋篇的共同要求，之所以将其作为新闻评论结构的基本要求是因为：第一，新闻评论"姓新"，既要讲求内容的新，也要求形式（包括结构）的新；第二，实际上新闻评论结构模式化的问题普遍存在。最常见的一种模式化结构就是：开头讲一下当前的大好形势，接着用"但是"引出存在的问题，然后举出正反两方面的例子来分析之所以好和坏的主客观原因，总结经验教训，结尾展望美好前景。

例如，有篇评论员文章《再接再厉，把我市经济工作搞上去》，其结构安排就是典型的模式化。有人还将这种模式化结构形象地概括为："大"字开头，"但"字过渡，"训"字为主，"的"字收尾；开头一段套话，中间一段空话，结尾一段大话。虽然这篇评论员文章已经是30多年前的新闻评论了，但如果我们认真去看，会发现几乎相同的结构至今依然经常出现在报刊上、领导讲话中。2006年一篇题为《再接再厉，夺取抗洪救灾和经济社会发展的全面胜利》的评论员文章，其篇幅要比上面那篇评论员文章长得多，但结构安排如出一辙，这里笔者就不附上全文了。这样的模式化结构，我们应该坚决摒弃。

生活是丰富多彩的，社会在不断地发展变迁，各种新生事物也层出不穷。作为对各种新事物、新风尚、新情况、新问题等发表观点和看法的新闻评论，其形式也应当是与时俱进，不断发展变化的。一篇优秀的新闻评论，从内容到形式都应该是新的，有其特点和个性，新闻评论的结构不应该有一成不变的模式、套路。就如章实斋在《文史通义·古文十弊》中所说的："文成法立，未尝有定格也。"好的结构都能非常好地表现其特定的内容，同样的结构换一篇文章使用可能就成了东施效颦，结果"画虎不成反类犬"。所以，内容变了，结构也应随之变化。就像世界上没有两片完全相同的树叶一样，世界上也没有完全相同的新闻评论，新闻评论总是在评论新闻，内容是新的，作为表现内容的形式的一部分的结构，自然也应是新的。

方法 METHOD

专业知识，让评论有点理论色彩

◆ 刘海明

在人们的印象中，评论写作没有什么难度，中学生阅读几篇媒体评论作品，基本就可以模仿着写评论了。每年的大学生新闻评论大赛，新闻传播学专业的学生在参赛，非新闻专业的学生也在参赛。从文章的水平看，未必看得出接受过评论写作训练的学生和未接受过专业课训练的学生的作品质量上有多少明显的区别。有的参赛者获了奖，更觉得自己的评论写作水平不错了。事实果真如此吗？相信资深的报纸评论编辑最有发言权。

对热点事件的评头论足，并不是多难的事情。凑出个千字左右的评论作品，只要稍加努力，也可以很快上手。评论写作，上手快，要写出境界则大不易。对于年轻评论作者来说，不缺评论的话题，不缺灵感，也不缺文字表达能力，更不缺投稿的平台，缺的是将专业知识应用到评论写作的能力。

让理论融入评论作者的血液，让专业知识在自己的身体内"动"起来，让理论知识变成评论写作的助推剂，这是我在年度评论课堂上反复嘱咐学生的。一个学期下来，能听得进去并将这个忠告付诸评论写作实践的学生，总是寥寥无几。也许，写作者觉得专业知识和新闻事件相距千里，让理论知识和新闻事件牵着手进入评论作品，评论作者当不了这个"红娘"。在我看来，专业知识不是考卷上的答案要点，不是装点门面的饰品，专业知识应该成为我们的思维方式，一旦拥有某种专业知识，就要善于把它作为思考的工具，服务自己的工作和学习。

一篇好的评论，理应有点理论色彩。评论作品要让人听得懂，但仅仅满足听

* 刘海明，重庆大学新闻学院教授、博士生导师。本文 2022 年 5 月 25 日发表于红网。

得懂，无论如何也增加不了评论的传播力和感染力。评论要影响公众，需要作者将自己的见解装进别人的脑袋里，没有新意和深意显然不行。新意和深意来自何处？根据我的评论写作和教学经验，新意和深意同源，都来自专业理论知识。

评论的选题可以一样，评论在立论时就要独辟蹊径，避免评论的同质化现象，立论需要结合评论作者的专业背景，从自己擅长的专业领域审视热点事件。可以毫不夸张地说，每个学科领域、每个专业甚至每一门专业课，都可以作为评论的角度。甚至说，你读过的每个知识点，都可能是你评论写作的角度。因此，评论写作在立论时拼的就不单纯是作者的灵感，更多是在拼作者的知识积累。一个新颖的评论角度，立论的新颖可以让读者眼前一亮，因为大多数未知的知识总能给他们带来新鲜感。2022年5月8日，《北京青年报》发表我的评论《标注帖主IP地址，谁的人性"离了岸"》，这个话题的评论不少，我选择"伦理学有关人性的分析"作为立论的角度，从伦理学的一个知识点切入，避免因与其他作者立意相近而导致读者不感兴趣。在评论写作中，评论话题要选择作者擅长的知识点来立论，以增加评论的新颖性。

评论的话题可以相同，真正考验作者的是运用自己熟悉的专业知识来审视新闻事件，将某一理论知识融入分析论证之中，通过这种方式增加评论作品的理论色彩。评论是介于论文和散文之间的一种论说文体，不通俗将失去读者，过于通俗则降低评论的思想性。康德强调洞见的重要性，评论作者难以让每篇作品都有独到的深刻见解，但起码也不能平庸地阐述一个家喻户晓的道理，这样的"白开水"式评论，相信没有读者愿意耐着性子坚持读完。合格的评论要善于从热点事件的表象中发现深层的问题，把握某种规律性的东西。评论要达到这个境界，需要借助专业知识来分析问题。当专业知识被应用到评论写作中，作者很快会发现自己的评论变得厚重了，不再是泛泛而谈。应该说，这是专业知识助力评论写作的奇特之处，专业知识让评论变得"美丽"而不仅仅是辞藻的漂亮。

"好评中国"大赛，正是考验作者将专业知识应用到评论写作实践的一次机会。中国这么大，看得见的"好"，你不说大家也知道；看不见的"好"，若你能"淘"出来跟读者分享，这才是真正的好评。这样的好评，拼的是参赛作者理论与实际相结合的能力。这样的活学活用能力，又何尝不是值得"好评"的对象呢！

"好评中国"勾勒大美中国的盛世图景

分享 | SHARE

◆ 文小生

3月31日，2023"好评中国"网络评论大赛启动仪式暨"好评中国"网络评论创新论坛在湖南长沙举行。活动以"点点星火 汇聚成炬"为主题，围绕传承精神密码、礼赞光辉时代、澎湃青春梦想、汇聚九州同心四个篇章依次展开，邀请党的二十大代表、科技工作者、青年代表、正能量网络名人和2022"好评中国"网络评论大赛作者代表等，以案例讲述、情境分享等形式，共论网络评论高质量发展，引领更多网民感受网络评论力量、参与网络评论创作。

"好评中国"属于人民，更属于世界。立足新时代，任何一项壮丽的事业，都镌刻着永久奋斗的时代精神。党的创新理论"飞入寻常百姓家"、网上宣传持续走深走实、正能量故事照亮网络空间、网络文化精品不断"出圈"……培厚"好评中国"广袤沃土，创新评论的源头活水，展现中国的时代价值观，以更多肩担道义、文带风骨的"好评"激发爱中国、评中国的热情，在中国"好评"里成就一个更加欣欣向荣的中国。

"好评中国"作为网络空间的"风向标"、主流价值的"主心骨"、正能量的"集聚地"，是对奋斗的点赞，是对精神的加油，是对信心的激励。巩固脱贫攻坚成果，全面推进乡村振兴，采取减税降费等系列措施为企业纾难解困，着力解决人民群众急难愁盼问题……读中国、评中国、信中国，政策举措的精神内涵、群众生活的一点一滴，都是网络评论的优质素材。中国"好评"，正是以"指尖微光"记录中国故事，生动刻画"精彩中国"，让华夏大地上充满朝气蓬

---

* 本文2023年4月1日发表于金羊网。

勃的希望，在时代的画卷中勾勒大美中国的盛世图景。

与时共振、紧跟时势，方能与时代同频。一件件正能量作品，就是一扇扇魅力之窗，"好评中国"唤起我们心中的正能量。放眼社会，有山火重灾时的守望相助，有抗击疫情时的众志成城，有灾情发生时的一方有难、八方支援……中国从来不缺的就是英雄，而具有这种英雄品质的普通人，站上了"好评中国"的"C位"，让人在每一寸网络空间感知正能量，让那些浸润心灵的点滴之水，成为中华大地上壮丽的风景，必将让更多人激荡思想、汇聚共识，点赞"好评中国"，凝聚起中华儿女阔步新征程的强大精神力量。

"好评中国"再现一个坚韧不拔、欣欣向荣、全面发展的中国，向美好奔赴。"神舟"问天、"嫦娥"落月、"祝融"探火、"羲和"逐日；辽宁舰、山东舰、福建舰三舰齐发；大飞机制造、核电技术、新能源技术……全党全国各族人民坚定信心、迎难而上，书写伟大时代，"好评中国"不仅是吸引学生、医生、农民、工人、科技工作者等14亿多中国人梦想的"强磁场"，更是展现精彩中国的舞台，让个人"小目标"融入国家"大蓝图"，在时代的舞台上为国家"画像立传"，攻克一个个看似不可攻克的难关险阻，创造了一个个令人刮目相看的人间奇迹，描绘出一幅栩栩如生的"大美中国"的壮丽画卷，成功推进和拓展了中国式现代化。

好评势如虹，续燃启新程。站在"两个一百年"奋斗目标的历史交汇点，全面建设社会主义现代化国家的号角已经吹响。如果将历史喻为苍穹，那我们每个人都是微弱的星光，点点的星光汇聚起来，便可成为燎原的火，时代的光，一同扬起好评大旗，勾勒大美中国的盛世图景，以中国式现代化全面推进中华民族伟大复兴。

做新时代"执笔者" 唱响正能量之歌

分享 | SHARE

◆ 婧蓝

人无精神不立，国无精神不强。"精神"体现在哪里？体现在平凡的故事、激昂的文字、生动的画面、深邃的思想中。"好评中国"不仅是为我们提供了一个传递价值的平台，更是提供了一个汇聚正能量、唱响主旋律的阵地，让更多向上向善的"正能量之歌"在这里放飞大地、响彻中国。"要加强网上正面宣传，旗帜鲜明坚持正确政治方向、舆论导向、价值取向，用新时代中国特色社会主义思想和党的十九大精神团结、凝聚亿万网民。"截至2021年6月，我国网民总体规模超过10亿，庞大的网民要成为积极向上的力量，就需要我们把"好评中国"做好、做强，让更多有价值、有内涵的作品不断涌现，唱响新时代的"正能量之歌"，永葆中国蓬勃向上的青春活力。

"好评中国"，用文字书写感人肺腑的"正能量之事"。"好评中国"评中国的事，而中国的事说到底就是人民的事，需要我们找准站位定位，扎根现实、扎根人民，用文字记录时代的发展。进入"互联网+"时代，人人都有"麦克风"，我们都是时代的"执笔者"，我们的视角既要有国家大事，也要有民生小事，要更全面地记录国家发展、民族进步、人民幸福，方能让正能量之事借助网络"高速路"，传递得更远。

"好评中国"，用价值聚拢辉映前路的"正能量之光"。回首百年大党成长路，我们从至暗时刻走向光明未来，这一路上有无数的人化身"光点"，不仅闪烁在历史的长河中，更照亮了国家发展的前路，温暖着整个时代。"好评中国"让我们用眼睛去发现"微光"，在传递主流价值的过程中，聚拢线上线下的"正

---

* 本文 2022 年 5 月 6 日发表于红网。

能量之光",不仅能够更好地凝聚共识,也能让我们在"微光"中感受到温暖和力量,让越来越多的"微光"汇聚成星河,点亮梦想,光耀前路。

"好评中国",用指尖弹奏响彻时代的"正能量之歌"。"好评中国"将正能量呈现在更大的舞台,让我们近距离读懂中国,在国家事业发展的巨变、人民群众生产生活巨变中,感知到中国的进步,增强建设更美好中国的信心。线上、线下都是讲好中国故事的阵地,"好评中国"用指尖弹奏出正能量之歌,树立更多榜样,引领时代潮流,绘好线上线下"同心圆"。

每一道耀眼的"微光",都是奋进中国不可或缺的力量。办好"好评中国",让正能量飞入寻常百姓家,方能为这个伟大的时代凝聚最广大人民的共识,推动强大的中国奋勇前行。

05

表达，何以情理兼容？

将自己心里的"万千想法""爱憎分明"寓情于理、娓娓道来，实现和读者心贴心的交流，真正达到思想上的共识、情感上的共鸣。

——《人民论坛网评·追光而行，当好新时代的"执笔者"》

理论立"骨"，故事铸"魂"，点亮"精神家园"。

——《金羊网评·理论立"骨"，故事铸"魂"，"好评"可期》

有观察的新细节、思考的新视角，有鲜活的思想、灵动的意识，就能让评论的"理"和现场的"情"交融，精彩中国故事也能更具感染力。

——《人民论坛网评·"好评中国"，微光成炬逐光行》

 锦言锦句

讲理要"透彻"，文风更要"实在"

◆ 年巍

"好评中国"网络评论大赛旨在通过感同身受的视角、深刻独到的思考、温暖人心的笔触，深入阐释党的领导和中国特色社会主义制度的巨大优势，鲜活解读非凡成就、幸福生活背后的理论逻辑、实践逻辑，生动呈现祖国大地奔腾发展的澎湃气象、中华儿女蓬勃昂扬的时代风貌。

新时代是大时代，是办大事、成大事的时代。今天，中国以世界第二大经济体的实力，书写下幼有所育、学有所教、劳有所得、病有所医、老有所养、住有所居、弱有所扶的民生篇章，亿万人民携手为全面建成社会主义现代化强国而不懈奋斗……一项项巨大成就、一串串亮丽数字的背后，是中国人民对美好生活的追求与梦想。生逢这样的时代，每天有那么多"沾泥土""带露珠""冒热气"的鲜活案例，这为广大网络评论作者提供了充足的养料。

写好网络评论，站位要正确。我们要对时代变化、国家发展、人民诉求有正确的认识。

如今，我们要实现高质量发展，还需"奋力一跃"；要缩小城乡之间、东西部之间的发展差距，实现乡村振兴、区域协调发展，任务十分艰巨；要补上社会治理相对滞后的短板，推进国家治理体系和治理能力现代化，仍然任重道远；要还清在生态环境上的历史欠账，建设美丽中国，唯有久久为功……凡此种种，都是我们迈向进一步发展绕不开的坎。而当我们把视线拉长，将过往与当下、现实与未来贯通起来审视，就可以在各种风险挑战中保持一份从容。我们自信，"我

---

* 年巍，中国经济网首席评论员。本文 2022 年 6 月 1 日发表于红网。

国正处于一个大有可为的历史机遇期"，每个人奋力向前奔跑，"蛋糕"做得大且分配公平，就会让中国社会始终保有勃勃生机、旺盛活力，让中国发展始终拥有坚实基础、不竭动力。

写好网络评论，讲理要透彻。一个有说服力的观点离不开完备的知识体系和理性的逻辑论证。

评论的初心是讲理。当下，网络让信息触手可及，每个人都可以基于自己的知识与认识，形成不同的判断，得出不同的结论。在这样的背景下，"震惊体"开始流行，语不惊人死不休，千方百计吸眼球；"博出位"的现象也更多，只顾一点不及其余，只讲站队不问是非。同样是在这样的背景下，撰写网络评论，更要坚持讲理、善于讲理，要记住评论永远不能跑在新闻前面，要耐心等待完整的事实，辩证看待"时效敏感"，避免落入"时效陷阱"。从近年获得中国新闻奖的网络评论作品来看，《我们怎样表达爱国热情》《限制"公款消费"本质是制约权力寻租》《雷锋，距离我们并不遥远》《政府敢啃"硬骨头"，市场才能有"肉"吃》等，都是聚焦网民关注的热点，通过摆事实、讲道理，用诉诸理性的评论来参与公共议题。

写好网络评论，文风要实在。不管在什么时代，实事求是、真情实意都是最重要的文风。

网络评论的文风如何，决定着与网友的距离远近，体现着对社会的认识深浅，更反映着观点背后的态度冷暖。写好网络评论，绝不是在电脑前敲敲键盘就可以完成的。只有深入生活，才能有源头活水。倘若文风浮夸自大、标题一惊一乍、事实似是而非，不仅唐突了读者，也丧失了社会价值，更污染了舆论生态。我们知道，发展的中国与中国的发展让人无比骄傲，而这种自豪感应当在实事求是、稳中求进的基础上产生，而不能靠夺人眼球的"浮夸体"。可以说，以自欺或自吹的方式换来的自信与自豪，并不会真正赢得尊重，反而蒙住了人们正确看待发展的眼睛，遮挡了人们"风物长宜放眼量"的视线。当然，好文风是有门槛的，不认真对待文字、不勤于学习者，难以入门。这种学习，不只是技法上的锤炼，更要在文章之外下功夫。

"好评中国"，正是为了"评"好中国。在站位"正确"的前提下，网络评论写作中，讲理要"透彻"，文风更要"实在"，期待在一篇篇优秀的网络评论作品中，读懂一个"可爱的中国"。

方法｜METHOD
新闻评论的情感力量

◆ 苏蕾

以理服人，是新闻评论的最大特点，但是，新闻评论也要以情动人。时评教材中对论证、观点、论据、思维教授得较多，而情绪、情感的介绍就少得多了，在我的教学经验里，情绪、情感对于写作者和写作而言，都值得被研究。

情绪、情感对于写作者有何意义？

一是突破写作者的瓶颈，快速成文

"要写时评，要完成作业，要发表"，这些理性的声音往往会加剧初学者的畏惧和焦虑心态，不如放松下来，从自己当下的感受出发，挑选能够引发自己表达欲望和情绪感受的选题，突破写作瓶颈。

如《金毛犬长期被锁楼道，养狗的门槛是否该提高？》一文作者说："在新闻评论这门课的开始，我一直对写作抱有畏惧的心理，不敢动笔尝试。后来听了老师的话，懂得了写作要尊重自己的情绪体验，我就选择我感兴趣的动物的新闻，投入情绪去写，没想到会发表。"

二是情绪是写作者可以利用的原发的自然能量

情绪是一种能量，当初学者还没有获得熟练写作下的经验能量和技巧能量时，情绪作为一种原发的、自然的能量，需要被重视。红网第六届全国大学生"评论之星"选拔赛决赛入围奖获得者钟星月的分享让我们看到这一点：

---

* 苏蕾，长安大学人文学院副教授。本文 2022 年 6 月 21 日发表于红网。

尝试写作了二十来篇评论后，我发现情绪是最好的写作框架，一旦某个新闻能够和你产生共鸣，能够激发你的兴趣和思考的欲望，那就让情绪带着大脑去思考去往下推进，这样写出来的文章流畅自然，经过一定数量的刻意练习后，就能逐渐摸索到自己感兴趣的领域和喜欢的表达。河南暴雨时我正在媒体实习，参与采访了暴雨亲历者，深感这场天灾的危害和早期救援的困难，因此当我看到救命文档的新闻后，我被创始人的智慧所深深感动，感受到了中国青年在国家大事中的担当与力量，救命文档背后，青年力量值得全社会点赞，几乎是我眼含热泪又一气呵成的作品。一旦你真的对某个新闻事件有发自内心的感动，有融入自己生命经验的思考，有那种不写都不行的，喷薄欲出的表达欲望，这样的文字一定赤诚而动人。

情绪、情感在时评写作中起到哪些作用？

一是阅读新闻后的情绪往往成为写作的动机

《食堂老板偷学生外卖，发挥好自身优势才是正道》的作者是大学生，特别能体会外卖被偷的学生的心情，这种共情的情绪是她写作的第一动机。

首先当我看到这则新闻时，我真的无法理解，我觉得很离谱，因为我自己也是个学生，也会与食堂有接触，这件事件我特别能体会到那些外卖被偷的同学的心情，所以就想写一篇评论。因此，看到这篇新闻的情绪算是一个动机，一个导火索。

二是情绪是写作过程中的燃料

写作过程也离不开情绪。在写作《别让"社恐"成为自我妨碍的借口》一文时，作者回顾了整个写作流程，从看到社恐议题新闻时的共鸣感，到查阅到与自我认知不同知识时的好奇和惊讶，再意识到社恐带有心理自我保护意义时的羞愧感，接着是表达的迫切感，写作论证时的亢奋感，最后是释然和通透。作者说：

情绪是最好的燃料，它贯穿写作过程的始末，带给人全新鲜活的生命体验。

三是情绪会激发观点

感情的喷发会带来灵感，灵感的涌现会带来观点。

《国考报名热度不减，宇宙的尽头是编制？》这篇文章，从标题看就很吸引人，它的观点是："在社会经济快速发展的时代，择业应该更慎重。适合自己的才是最好的，宇宙的尽头不一定是编制。"

作者的这个观点就源自她对考公热的强烈情绪：

因为自己特别不喜欢家人的观念：公务员、编制是好工作，其他都不行。我极其讨厌很多人趋之若鹜追求铁饭碗工作，因此在看到国考报名期间很多人抢一个岗位就带有反感情绪。这个情绪推动我写一个能表达自己想法的评论。

四是情绪会带来共鸣

人同此心，心同此理。时评作者的情感表达会引起读者的回应和共鸣。可以说，情绪也带有公共性，越是能表达出大多数人的情感，就越能带来评论的传播力和影响力。

在《〈中秋奇妙游〉连上热搜，河南卫视为何频出圈？》这篇文章中，作者表达了对河南的赞美之情：

河南作为华夏文明的发源地，既是文化大省，又是精神高地。黄河、龙门石窟、应天门、老君山、豫剧、少林寺、太极拳……"伸手一摸就是春秋文化，两脚一踩就是秦汉砖瓦"的形容并非言过其实。

在评论区读者这样回应：

这篇文章脉络很清晰，从《中秋奇妙游》频上热搜引出论点，河南卫视爆火不只是因为天时地利，更重要的是传播技术创新和文化自信。接下来再分别论述传播技术创新和文化自信（传播技术创新是关键，文化自信是核心），遣词造句生动活泼。比如'伸手一摸就是春秋文化，两脚一踩就是秦汉砖瓦'。

当我们看见并体验到情绪对于时评写作的意义后，也进一步发现，情绪带来写作的欲望，并一定程度上驱动着写作。

最后要注意不能让情绪浮在时评的表面，而要与时评的叙述、判断和观点融为一体。正如《"茶颜悦色"二审胜诉，山寨品牌终将不能长久》一文作者李海歌所言：

　　因为是带着情绪来写，所以这篇评论我写得很快，时间比以前缩短了将近一半。这篇评论的讲道理部分很多，我把自己对山寨品牌的不满都体现在评论里，也提出了"走自己道路"这个办法。但是情绪太多就导致我的语言并不凝练，上下文还有句子是重复的。在我第二次修改时，发现句子能留下来的并不多。与此同时，我发现自己只顾着议论山寨品牌，并没有把复杂的事情经过讲清楚。情绪对写作有利有弊，它可以让你有评论的冲动，论证得更加饱满，也可以让你失去新闻评论的框架结构，句子和观点重复论证。

方法｜METHOD

毛泽东、梁启超等政论名家这样写评论

◆ 王小杨

近代以来，我国涌现出了一批引领风潮的政论名家，他们通过一篇篇政论，或宣传变法自强理论，或表达爱国主义精神，或探求救国真理，或抒发振兴中华志向，或引导教育爱国青年……历史已经证明，这些文字不仅在当时产生了重要作用，而且具有穿越时空的力量，影响至今。这些政论名家的写作实践，也给我们留下了许多关于评论写作的深刻见解。于今天的网络评论写作而言，这些写作经验或对评论的理解仍未过时。

毛泽东

一代伟人毛泽东是名副其实的政论大家。他在《反对党八股》中，以毒攻毒，以"八股笔法"描述了"党八股"的罪状，这对评论写作仍具有十分强的启示意义。譬如，写文章不要"空话连篇，言之无物"，不能像"懒婆娘的裹脚，又长又臭"；不要"装腔作势，借以吓人"，说理要实事求是；不要"无的放矢，不看对象"，射箭要看靶子，弹琴要看听众；不要"语言无味，像个瘪三"，要向人民群众学习语言，要学习古人语言中有生命的东西；不要"甲乙丙丁，开中药铺"，要有些逻辑，总得提出问题、分析问题和解决问题；不要"不负责任，到处害人"，拿不出来的东西就不要拿出来。

---

* 本文 2022 年 6 月 23 日发表于红网。

梁启超

在《〈时报〉发刊例》中，梁启超提出了"论说"四条，即"公""要""周""适"四个字：一是"以公为主，不偏徇一党之意见"。二是"以要为主。凡所讨论，必一国一群之大问题"。三是"以周为主。凡每日所出事实，其关一国一群之大问题，为国民所当屇意者，必次论之。或著论说，或缀以批评，务献当芜，以助共识"。四是"以适为主。虽有高尚之学理，恢奇之言论，苟其不适于中国今日社会之程度，则其言必无力而反以滋病，胡同人同勖，必度可行者乃行之"。

李大钊

在《政论家与政治家（二）》中，李大钊写道，"政论家之责任，在常于现代之国民思想，悬一高远之理想，而即本之以指导其国民，使政治之空气，息息流通于崭新理想之域，以排除其沉滞之质"……"盖尝论之，人之立志，无论其在为政论家抑为政治家，均不可不为相当之修养，知识其一也，诚笃其二也，勇气其三也"。作为中国最早的马克思主义政论家，他认为一篇政论有没有价值，要看它是否含有真理的本质，评论要有"广博的知识底蕴""求真的态度"。

邵飘萍

邵飘萍的文章往往"词锋锐利，态度勇猛"，却也始终坚持用事实说话，"事实乃最易于证明是非"，哪怕文章再短只有几十个字，也要将大量笔墨留在摆事实上。对于新闻评论写作的要求，他在新闻学专著《新闻学总论》中这样说，"除去记述某问题之理由见解外，其文词亦具有几分动人之魅"。尤其是提倡追求"简洁明快"，论证直截了当，不必多余的迂回之笔，注重表达的效率。

邹韬奋

以"小言论"独树一帜的近代政论家、新闻记者邹韬奋，历来强调评论写作应当短小精悍，"须汰除浮言，力求精警"，最短的评论不足百字。当然，倡导短小是有前提的，那就是实实在在要做到"精警"。著名爱国人士沈钧儒曾回忆说，"为了解决一个当前急需解决的问题，他（邹韬奋）常翻阅许多本书籍，拜访多少朋友，思考若干小时，然后加以整理、分析、综合，写出几百字的短文"。

张季鸾

一生践行"文章报国"理想的著名报人张季鸾，在评论写作上，他不仅态度端正无邪，心中常系读者，而且更注重思想方法的革新。他说，"凡根据现状，无论如何看不透的问题，应该学学孙行者，跳到半空中向下鸟瞰，也许会看清楚，弄明白的"。他的写作往往视版面而定，一蹴而就。难怪毛泽东曾特意对当时的《人民日报》总编辑吴冷西说，"办报要听各方面的议论，写评论才能有所为而发，这方面你要学张季鸾"。

徐铸成

始终是爱国的、进步的著名报人徐铸成，曾在《文汇报》香港版的创刊社论《敬告读者》中写道，"报纸既是人民之喉舌、社会的公器，就不容许投机取巧，看风使舵"。他十分注重评论的立场问题，绝不含糊，"任何一件事情，总会使人们产生各种不同看法。不同阶级的人对于某种事情的反应、看法是不同的。你这张报是站在广大人民、工人的立场，或者站在封建、资本家的立场，当然有很大差别"。

胡乔木

具有强大的逻辑力量，这是胡乔木政论的显著特征之一。他善于运用归谬法、比较法、类比法等各种逻辑推理方法，以此抓住事物的本质，拆穿对方的"非逻辑伪装"。当然，他的逻辑思维并不是枯燥无法的，而是形象生动的。他说，"我们报纸工作人员不是艺术家，也不是科学家，不是写小说，也不是写科学论文，而是面对着广大的群众说话，写的是有关当前问题的评论，所以就要两样都有点——既要有形象的思维，又要有逻辑的思维；既要有抽象的说理，又要有具体的形象"。

邓拓

在评论写作实践中，无产阶级政论家、杂文家邓拓一直比较注重调研。他曾说，"既然要求社论必须正确地运用马克思列宁主义的基本原理和党的各项政策原则，去分析和解决各种实际问题，那么，我们对于实际情况就一定要进行必要的调查研究，以保证报纸的论点、论据和主张能够切合于实际的情况和需要。如果没有掌握大量的实际材料，当然也就不会想象会有好的社论产生"。

方法 METHOD

延续清新文风，看近代政论名家如何写短评？

◆ 王小杨

作为一种说理文体，评论如何在短篇幅中把观点论证完整，道理说清楚，并不是一件易事，十分考验写作者的功力。许多人写评论，动不动洋洋洒洒数千字以上，似乎成了一种惯性。

全媒体时代，网络评论短一点，再短一点，不要冗长繁复，无谓耗费读者的时间与脑力，这几乎成了业界的共识。

事实上，从政论到时评，评论文体不断走向多元化，长篇政论与短小言论相得益彰。写作追求短小精悍，用心凝练文字，实现思想观点的高效传播，这不仅是现在评论界的期待，也一直是近代以来那些政论大家所探索而身体力行的。

王韬

辞能达意，倾向写实，注重清新流畅，以短小精悍，一改"八股"遗风，这是王韬所倡导的。他甚至"为了适应版面需要而将每篇文章控制在1000字到1200字的格式，也被后世报纸所承袭，逐步形成了我国近代报刊以短小精悍为主的政论风格，从而使王韬所创的政论文体流传下来"。《弢园文录外编》里184篇政论，多为千字左右，代表作《变法（中）》也就1500余字。

梁启超

如果说王韬开创了千字文，一时引领风潮，那梁启超在短平快上，更进了

---

* 本文 2022 年 6 月 21 日发表于红网。

一步。汪洋恣肆的他，开创了"时务文体"，"纵笔所至，略不检束"，政论长短舒卷自如，长文如《新民说》达11万字，分34期连载，短文则数百字，字少却往往击中要害。不仅如此，他还首创了时评性质的"短评"，少到几十字，多则三五百字，一事一议，节省读者不少时间与脑力。他首先在《清议报》开设的"国闻短评"，开门见山，表达效率高，令当时国内外的报刊竞相效仿。譬如他写的《奴隶与盗贼》，全文共150余字，却将八国联军侵华后，慈禧太后"惧外媚外"的丑态，揭露得一览无余。

▶《奴隶与盗贼》（1902年《新民丛报》）原文：

自回銮后，保护外人之懿旨不下二三十次；视于无形，听于无声，诚如孝子之事父母矣。公使夫人偶遭儿童指目，辄欲拿拷治罪；一教士之受辱，辄下罪己之诏；何其恭顺一至此甚也！民间如顺从朝旨乎，则奴隶而已矣。奴隶犹可，两重奴隶，何以堪之！如稍有不屈乎，则盗贼而已矣。盗贼犹可，两重盗贼，何以堪之！今日为中国之百姓者，奴隶盗贼，二者必居一于是。呜呼！何以使我民至于此极也？悲夫！

李大钊

十月革命以后，李大钊一改篇幅冗长、词语堆砌的弊病，发表了大量"随感式短评"。他的这些短评，一语中的，文笔凝练，却又不失生动、不失战斗力，值得领会学习。譬如，他的《"中日亲善"》，全文共86字，却字字见血，怒批了日本所谓"中日亲善"论调的虚伪。"中日亲善"究竟是什么，读者一看便知。

▶《"中日亲善"》（1919年12月7日《新生活》第16期）原文：

日本人的吗啡针，和中国人的肉皮亲善。日本人的商品，和中国人的金钱亲善。日本人的铁棍手枪，和中国人的头颅血肉亲善。日本的侵略主义，和中国的土地亲善。日本的军舰，和中国的福建亲善。这就叫"中日亲善"。

邵飘萍

知名记者邵飘萍所撰写的评论，常常紧扣时局，以事实说话，依照观点与事实的内在逻辑行文，观点说完便全文结束，一扫旧文人为文喜欢"穿靴戴帽"的陋习。譬如，他写的《议员多变财政官》，也就200余字，文章犀利冷峭，虚实结合，不留情面地声讨了那些屈服于北洋军阀淫威，且见利忘义的国会议员。

▶《议员多变财政官》（1923年4月18日《京报》）原文：

犹忆去年陶文泉强奸儿媳，其媳妇呈文中述陶强奸时言，曰："不要生气，多给钱花！"此名言也。今日政治中人，能免为陶媳者有几？

尤甚者为议员诸公，观于命令中屡屡发表，阁议中屡屡决定者，窃议皆陶媳也。昨日之阁议，又有一个重庆关监督余绍琴先生产出矣。呜呼！"不要生气，多给钱花！"

昨日我问张敬舆，保定对于国会怎样？张半晌答曰："对于国会的机关，当然是很尊重的……"请议员诸公为敬舆下一转语。呜呼！"不要生气，多给钱花，多给钱花！"

邹韬奋

在"小言论"的突围与创新中，邹韬奋善于将自己的观点与群众的生活有机结合，语言生动，通俗易懂。"小言论"小在形式精巧，却也大处着眼，以小见大。他自《生活》周刊开设小言论，至1933年被迫流亡海外，几年时间共写了410篇短评，这些短评往往置于周刊卷首，相当于社论，价值自然不言而喻。正如他所言，"每期的'小言论'，虽仅仅数百字，却是我每周最费心血的一篇，每次必尽我心力就一般读者所认为最该说几句话的事情，发表我的意见"。短评还有许多创新，如他的"小评坛"，连题目都省了，却更加突出短小精悍的特色。

▶无题（《生活》第5卷18期的某条"小评坛"）原文：

据大陆报载，北平当局拟通告外交团，说中国的"首都"即将重在北平，北平应仍称北京，南京应改称南平云云，"京"者"大"也，简直好像一称"京"就立刻大了起来，一叫"平"就立刻平了下去！依此类推，所以不必励精图治来准备实力，只要嘴上喊着"打倒帝国主义"就行了！

【参考文献】

1. 胡文龙：《中国新闻评论发展研究》，中国人民大学出版社，2002年11月第1版。

2. 曾建雄：《中国新闻评论发展史》（近代部分），广西师范大学出版社，1996年5月第1版。

3. 王振业、李舒：《新闻评论作品选》，中国广播电视出版社，2007年1月第1版。

促进网络评论质量提升　涵养网络评论人才

分享 | SHARE

◆　周勇

　　中国有着悠久的评论传统。从先秦诸子百家争鸣时的论说到近代梁启超等资产阶级改良派以报刊评论宣传治国理政理念，再到20世纪报纸、广播、电视等大众传播媒体的黄金时代，评论更是成为媒体守望时代风云、参与社会发展进程的重要方式，进入21世纪，伴随着互联网技术和新媒体平台的发展，网络评论作为一种新的评论形式异军突起，成为社会舆论场域一支不可或缺的结构性力量。

　　湖南是一个有着悠久评论传统的地方。从千年岳麓书院到三百多年前的王船山，千年以降，文脉相济，论学、论理、论政之风不绝。103年前，时年26岁的毛泽东在长沙创办《湘江评论》，以引导民众放眼世界、改造中国为宗旨，其精深的议论和反帝反封建的无畏精神，影响了大批青年投身到救国革命事业中来。近年来，湖南红网的"红辣椒评论"已在全国范围内具有影响力，其连续多届举办的全国大学生"评论之星"选拔赛更是对鼓励培养青年学子参与网络评论、提高网络评论技能和素养起到了重要作用。

　　有上述的底蕴和基础，"好评中国"这样一个全国性的网络评论大赛，可以说是水到渠成、正逢其时。

　　习近平总书记指出，党的新闻舆论工作是治国理政、定国安邦的大事情。评论是意见性信息的表达，与事实性信息的传播成为新闻舆论工作的两翼。评论以其思想性、逻辑性参与社会问题讨论、推动社会进步和发展，1978年《实践是检验真理的唯一标准》这样的评论文章更是在中国改革开放历史进程中留下了浓墨重彩的一笔（这篇评论的主要作者是人大新闻学院的1955级毕业生胡福明）。

＊　周勇，中国人民大学新闻学院院长。本文节选自在2022"好评中国"网络评论大赛结果发布暨创作分享活动上的发言，略有改动。

　　在当前社会信息环境日益复杂的情况下，以互联网作为底层技术架构的新传播格局已然成型，依托传统报纸、广播、电视，以职业新闻工作者为主体的评论形态也必然要向以互联网为平台、多元主体参与的新形态过渡，移动社交渠道、自媒体、民间个体、短视频等主体和要素的出现使网络评论呈现更加蓬勃生动的局面，也给互联网时代的舆论引导、主流价值观形塑带来新挑战。相信本次全国网络评论大赛的举办，必将对促进网络评论的质量提升和网络评论人才的涵养产生积极影响。

让"滚烫"评论与蓬勃青春同频共振

分享 | SHARE

◆ 王嫣 李赛凤

汇字成澜，以文聚力。以"点点星火 汇聚成炬"为主题的2023"好评中国"网络评论大赛启动以来，一些高校通过"好评中国"官网、热线电话，主动反馈参赛事宜，各大高校师生更是踊跃参与。

线上广泛发动学生、为参赛精心策划选题；线下借助专业课程或班级活动，鼓励学生参与大赛……各大高校充分发挥各自优势，积极引导学生参与其中，让一篇篇力透纸背的正能量文章、一幅幅感人至深的动人图片、一幅幅闪耀着光的视频画面，通过网络，鲜活地呈现在了受众眼前。

青春誓言激荡人心，好评声声催人奋进。"好评中国"真实映照着青春接力进行时。来自天南海北的高校师生们以"评"奋楫，以青年之视角、展青年之热忱，用指尖微光记录下中国故事，生动刻画精彩中国，推出了一批具有说服力、感染力、感召力和穿透力的精品力作，让"滚烫"评论与蓬勃青春同频共振，引发热烈反响，收获好评如潮。

以评聚力根植家国情怀 感悟时代之进、青年之进、国家之进

湖南师范大学为参与"好评中国"网络评论大赛，精心策划了选题，积极动员广大师生全面参与到这场有意义的网上实践课中来，得到了全校师生的积极响应，广泛参与。

湖南师范大学新闻与传播学院党委书记沈贤岚表示："好评中国"始终紧跟时代步伐，以习近平新时代中国特色社会主义思想为指导、用新媒体传播优势吸

---

* 王嫣、李赛凤，红网时刻新闻记者。本文 2023 年 7 月 7 日发表于红网。

引凝聚青年，我们非常支持并且大力发动学生积极参与到活动中来。正所谓"青年强，则国家强"，今年的"好评中国"网络评论大赛贯彻党的二十大精神，一方面以其喜闻乐见的方式鼓励青年学子根植家国情怀，勇担时代重任；另一方面通过青年学子们的视角与笔触，对中国近十年来各领域的突出成就和先进人物事迹进行了创意评论，这有利于青年学子们从中更好地感悟到时代之进、青年之进、国家之进。

"'好评中国'为传媒学子提供了一个检验自我、提高自我的平台。"湖南师范大学新闻系学生李汝奇说，作为新时代的新青年，我们理应积极投身社会实践，提高自身本领和专业能力，讲好中国故事，传播好中国声音。通过参与大赛，我们能够及时了解中国社会的发展变化，增强文化自信和民族自豪感，提高对外传播能力，也能更好地融入国之大局，在网络中以评聚力展现青年向上担当。

以赛促学提升专业水平　激发爱国情、强国志、报国行

湖南工商大学由数字传媒与人文学院牵头，通过线上线下结合的多种形式，积极组织动员广大师生参与到"好评中国"网络评论大赛中来。

湖南工商大学数字传媒与人文学院教师胡慧美表示：我们非常注重学生实践能力的培养，将评论作品作为新闻学专业核心业务课程《新闻评论》的主要考核依据。在日常学习中，老师讲理论、讲方法，学生写评论、发评论，大家比学赶超，互相激励、共同进步。而"好评中国"从理论到实践，为学生们提供了一个学习和践行马克思主义新闻观的很好的平台，因此广大师生对此十分重视。我们以赛带教、以赛促学，不仅通过参赛有效提升了学生专业水平，还激发了学生为实现中华民族伟大复兴的中国梦而奋斗的爱国情、强国志和报国行。

在湖南工商大学新闻系学生蒋思琪看来，"好评中国"在传播正能量，弘扬主旋律上起到了很大作用，参赛人员创造的"好评"更好地净化了网络空间；也给自己提供了很好的学习机会，通过一篇篇优秀的作品，自己更深入地了解了评论的写作方法。蒋思琪坦言："对于新时代青年来说，我们要在网络舆论中始终保持清醒与理性，做到不随意发声，理性评论，提升自身专业素养，创作出更多有深度、有思想，不负时代的好文章。"

学以致用展青年担当　以爱国之心为国想、为国说

长安大学由人文学院新闻传播系领头参赛，把学校评论课教学与参赛有机结合起来，积极组织动员广大师生参与到"好评中国"网络评论大赛中来。通过新闻实践，让学生学以致用，报效祖国。

长安大学新闻评论课授课教师苏蕾表示：我们学校特别重视理论和实践的结合，在新闻评论课上，我们会针对大赛所需标准，给学生们进行解读以及专业的培训。同时，引导学生们理解什么是新时代的中国和中国式现代化的特征，只有这样，学生才能写出自己心中的"好评中国"。"主题的设置一定要鲜明，内容形式可以多样性。"苏蕾说，去年的得奖作品，就有一个是以漫画的形式记录个人怎样成为新青年的，虽然跟传统的新闻评论截然不同，但是内涵丰富，具有真情实感，所以也受到了组委会的充分肯定。青年人不拘一格，我们要在爱护他们的"网言网语"的同时帮助他们成长。

在长安大学2021届新闻传播专业研究生郭文苑看来，"好评中国"以"赛"的形式为互联网成功注入正能量和新思想；也为新青年打开了思想表达之门，搭建了一个全新的舞台。郭文苑认为："'好评中国'网络评论大赛对我们青年人来说更像是一面旗帜，引领着新时代青年的写作方向，我们要做到'敢想、敢说、敢当'。'敢想'是保持清醒头脑，提升信息识别能力，秉持客观态度，用合理的判断客观对待网络舆论；'敢说'就是不做沉默者，对于不良、不实信息要积极回应，传递正能量和有温度的声音；'敢当'就是要在做好网络舆论信息'传播者'的同时，时刻心怀责任和担当，自觉承担起'守望者'的角色。"我们是国家的希望，在网络舆论中要努力贡献青春力量，展现自信盎然、朝气蓬勃的青春风采。

好评势如虹，续燃启新程。让我们共同期待，更多青年"肩兹砥柱中流之责任"，透过"好评中国"网络评论大赛这方舞台，将内心的温度化为指尖的力量，唱响时代主旋律、传播网络正能量，用智慧和汗水，谱写一曲又一曲壮丽的青春之歌。

06

全媒体评论，
何以走"心"更走"新"？

网络评论当倡导"青年说"，鼓励青年关切社会、心系家国；网络评论也要活用"青语态"，用平等的态度与青年真诚对话；网络评论更要展现"青年力"，激发青年团结奋进的正能量。

——苏州新闻网《"好评"中国，打造凝心聚力的风向标》

有网络时代的"用户思维"，既要"说得进去"，用网言网语拉近同网友的距离，又要"跳得出来"，用思想的高度、深度和力度影响网友的思考。

——中国江苏网《"好评中国"，为正能量导入大流量》

为时代讴歌，为人民鼓呼，唱响时代主旋律、传播网络正能量，始终应是创新的起点，始终应是创作者的坚守。

——《好评中国·漫评·坚持守正创新，打造创意表达新热土》

 · **锦言锦句**

方法 | METHOD

写好评论，除了讲逻辑还要讲什么

◆ 马若虎

作为一种现在进行时的书写，评论天然地具有当下性。

当前，互联网发展迅速，社交媒体平台兴盛，网络传播形成一个影响巨大的新型媒介系统，渗透到社会生活各个方面，改变着人们的交往方式和思维方式。新媒体时代的网络评论创作，要立足于网络特性，不断推陈出新。我们常说的"短、实、新"三个字，在互联网语境下也当有新的内涵。

短，能"长话短说"就别"说来话长"。

新媒体时代，最显著的特点是即时性、交互性。短小精悍的新闻跟帖、即时评论成为影响舆论发展非常重要的一环。

各大媒体对于网络评论形式的探索，从网评到微评，从锐评到热评，风格越来越多样，篇幅越来越短。人民日报新媒体品牌栏目《你好，明天》、新华社的《新华微评》、新华网的《新华锐评》等都是面向互联网、面向网民的短评栏目。这些栏目用百来字评析热点新闻事件，以独特的视角、深刻的观点、清新的表达，在互联网上产生了巨大影响力。

"新华网三句话"，可以说在此基础上"短"出了新形式。这个评论栏目，其实本身就是新闻跟帖、网络即时评论的延伸，旨在当突发事件、网络热点出现后"快发声"，选好一个角度，用三句话直指问题核心；在事件态势不明朗的时候"善发声"，用三句话表达关注又不盲目介入，避免因"快"失准。比如2021

---

* 马若虎，新华网评论室副主任。本文 2022 年 5 月 30 日发表于红网。

年4月，有网友在微博平台上发文感谢国航CA8647上的空姐，相关话题因正能量登上微博热搜榜首位，引发网友广泛讨论。但随着讨论的话题越来越广，老人动机引发质疑，大量网友陷入"女性社会地位不高"等负面情绪中，偏离了主流价值观。在事件过程和结果不明朗的情况下，新华网在微博热搜话题下推出三句话评论，将网络即时评论写成新闻跟帖，参与到网友的讨论中，积极引导舆论。

实，接地气的表达才有情感穿透力。

评论一直给人的感觉是很严肃的。之所以说严肃，一方面是因为选题过于"高大上"，另一方面则因为说空话多、套话多，接地气的话少。

有网感是接地气。《主播说联播》官话民说、硬话软说，是比较典型的代表。主播妙语连珠、金句频出，网络流行语使用起来得心应手。比如针对美国的一系列荒唐行为，康辉连怼1分钟："怼得你灰头土脸，怼得你哑口无言。而且怼的时候，我们始终气定神闲。"年轻化的文本语态，调侃中带着态度，契合了网友对主流媒体的期待，拉近了与网友之间的距离，网友听得感同身受。

娓娓道来也是接地气。2020年4月8日，武汉解封，新华网当天播发了一篇评论《风雨压不垮　苦难中开花》，回望武汉从封城到解封那段负重前行的岁月，从彷徨讲到坚定，从绝望讲到希望，从众志成城讲到回归平凡。没有讲大道理，通俗化、口语化的叙述里，只有一个个普通人的选择，还有我们共同的记忆，却润物无声地让受众由内而外地产生"共情""共鸣"。

新，可视化给了评论更多创新空间。

在传统纸媒评论中，文字是评论的唯一表达形式，新媒体时代，一张图、一个视频、一个音频，甚至一个表情，都可以成为观点的载体。

2017年全国两会期间，人民日报评论部推出"字解两会"融媒体产品，把每天的两会热点浓缩为一两个变形字，使复杂的两会议题化繁为简，再配一句话点评，起到"画龙点睛"的作用。2020年，新华网持续推出"创意海报+短评"，第一时间围绕网民关注的热点组织微评论，并配上创意海报，使得评论报道更加鲜活，频频登上热搜。以云南大理扣押重庆口罩一事为例，新华网推出《大理，你"欠理"了！》，配发的海报上面"大理"二字，伸出了勾住口罩的黑手，形成了"无理"，可谓一针见血、入木三分。一张张简明的海报，以精练传神的方式，起到了"四两拨千斤"的作用。

传统媒体时代，评论员是纯粹的文字工作者；新媒体时代，评论员则是提笔能写、举机能拍、出镜能播。新华社《学习快评》，记者出镜解读习近平总书记重要讲话精神，让以往"正襟危坐"的评论员文章鲜活起来；人民日报《两会同心圆》《两会"石"评》，用接地气的语言，与广大网友一起看两会、聊两会。新华网《看点》，用视频连线的方式，邀请记者、专家、网评员解读热点事件，轻松活泼的形式，有价值的内容输出，引发网友热议。

不日新者必日退。新媒体时代，评论有了更多"花式玩法"，评论员不再只是"笔杆子"，评论的创作除了讲逻辑，还要讲创新，内容创新、形式创新、理念创新都很重要。

网络传播时代，谨记评论写作的"不变"要略

◆ 赵振宇

1982年，我大学毕业后分配到武汉市委机关报《长江日报》评论理论部工作，2001年调入华中科技大学新闻学院任教。40多年来，我一直坚持走在新闻评论实践、教育、研究的路上。

新闻评论是传播者借用大众传播工具或载体，对正在发生、新近发生或发现的有价值的新闻事实、问题、现象，直接表达自己意愿的一种有理性、有思想、有知识的论说形式。进入网络传播时代，新闻评论的载体、用户的阅读习惯虽有所变化，但关于如何写好新闻评论，评论者仍需掌握一些不变的要领。借红网举办评论大赛之机，谈点实践体会，与各位新闻评论教育者和学习者一起探讨商榷。

新闻发现是新闻评论的基础

缤纷多彩、变化万端的新闻事实构成了我们生活的丰富世界。注意发现、观察、收集人们司空见惯却有评论价值的新闻事实，是做好新闻评论的第一步。新闻评论作为一种社会舆论，它力求对社会的发展和进步起到一定的积极作用。这种作用越大，它的价值就越大。

社会的进步，时代的发展，远不是一篇报道和评论就能奏效的。它需要新闻人的共同努力，需要全社会人群的配合，特别是管理部门的科学管理、工作部门的有效工作，而且是持续不断地坚持下去，方能达到目的。新闻评论要说服人，

---

* 赵振宇，华中科技大学新闻学院二级教授，马克思主义理论研究和建设工程重点教材《新闻评论》首席专家。本文 2023 年 12 月 2 日发表于红网。

必须说出"事"后的"形势"和"趋势"。

比如，我在2014年参加武汉市两会期间，通过国内外多张照片，提出武汉市公共场合存在时钟不准的问题，以及部分单位存在不能守时、惜时等问题，与市长对话，促使武汉市政府发文，在全市开展"时间文明"活动，新华社予以报道，全国多家媒体跟进报道和开展活动。为此，我对什么是"时间文明"，它与全国人民努力实现的中国梦有什么关系等问题，先后在《光明日报》《人民日报》《文汇报》发表了《倡导"时间文明"新理念》《追逐梦想需要时间文明》《倡导时间文明 可以"马上有"》等评论，阐明了"时间文明"对人们行为准则的要求，并撰写相关论文，推动了"时间文明"活动的开展。

发现新闻的敏锐性，是新闻评论者应该培养和不断提升的基本素质。能否发现新闻，能否及时、准确地发现有价值的好新闻，是能否生产好评论的重要前提。要当好评论员，首先要当一个好记者。

新闻评论要讲好故事

所谓讲好故事，就是把评论赖以存在的事实讲清楚讲明白，让它起到"事实胜于雄辩"的作用。《河北日报》刊发的《唯有走在变化之前——从乐凯胶卷停产、泊头火柴破产说开去》，获第23届中国新闻奖文字类评论一等奖。在这篇1600字的评论里，作者先后讲述了5个中外企业新近发生或已成历史的成败故事。这样的选择和安排并不比写一篇纯粹论述的文章轻松，但是，它的作用却要大得多。

故事是对过去发生的事实或事件的回忆与讲述。在新闻评论中，我们所选择和讲述的故事，都要发挥事实论据的作用，要成为支撑观点的有力助手。故事中反映的事实是新闻评论之"本"，如何选择和讲好故事，关乎评论的深度和广度，可考虑以下几点。

选择真实的故事。其一，运用马克思主义的基本原理辨别其是否符合事物运动的基本规律。如果相悖而行，就一定要果断地舍弃。其二，要认真核查故事报道的出处，对于那些似是而非、出处不明、把握不准的故事，不要轻易相信。

选择经典的故事。经典的故事经过历史的沉淀和流传为人们所熟知，故事中的道理也为人们所接受。新闻评论中的经典故事选择可考虑以下三点：独特性（即其他场合所没有或很少见到的）、针对性（即既能反映该类事物的现状，又能促进该类事物的改变和促进它的发展）、时代性（即反映当今时代的特征和特点，能激起人们的共鸣）。

选择自己经历的故事。自己经历的事情，感受真切，论述起来也就深刻许多。当然，即便是自己经历的事情，有时也会因个人喜好、认识的局限而产生不同的认知。所以，要注意从整体上把握故事的真实性和客观性，防止以偏概全，更不能以私情谋取私利、泄私愤。

把常识讲清楚是评论的基本功

有些社会现象、新闻事件、热点问题，细究一下就会发现诸多是常识不足惹的祸。为此，我曾在《人民日报》发表过一篇评论：《让"常识"成为公众力量》。

常识是什么？它就是一个经过人们长期社会实践检验的，能为大众所了解和掌握的基本知识。常识是一个常讲常新、与时俱进的老话题，但要讲好它却不是一件容易的事。要将常识的老话题讲出新意，不仅表现在人们的思想领域，也表现在日常生活里。如"生命在于运动"，这是大家都认为是常识的命题，但是细究一下，也会发现问题。什么是生命？生命是蛋白质存在的一种形式。而蛋白质是天然的高分子有机化合物，它由多种氨基酸组成，是构成生物体活质的最重要部分，是生命的基础。这些专业知识为我们重新解读"生命"提供了新视角，于是，我写了一篇评论《生命在于和谐》。生命的和谐包括三要素：适量运动、均衡营养和有效休息。自然，要把这些新的"常识"讲清楚并为大众所接受，还是要做很多功课的。这又是评论人的一项新任务。

常识是人们生命赖以存在的根基，是社会进步的规范要求。同时，又因为常识太简单、太一般，大家一学就会，所以很多人对其不屑一顾。既然如此，我们就应该好好学习并努力实践，让常识规范我们的行动。养成习惯，这是有利于个人和社会的大事。把常识讲清楚，是新闻人特别是评论人的一项基本功。

新闻评论要抢、要养

"新闻评论要抢"与"新闻报道要抢"两者有不同：报道要抢的是事实，是事情中的细节和真相；而评论要抢的则是运用概念、判断、推理发表对该事实的观点和思想，这个观点和思想要符合该事实的整体和本质特征，特别是引用的事实不能有一丝一毫的差错和虚假。

新闻工作者是发布新闻、传播信息的专门人员。坚持新闻的真实性，讲真话，道实情，是新闻工作者的基本准则。在"抢时效"与"求真相"中择其一时，"求真相"永远是第一位的。

此外，还应注意到，天下事瞬息万变，一个评论者不可能事事处处都在第一时间发表具有真知灼见的独到观点。此刻，想好了的可以先写，没想好的、事实还不明了的或其他不宜发表的，不妨延时表达，将评论的由头或思想养起来，换一个地方或换一个时间再予发表，这就是"新闻评论要养"的原因。

新闻报道求新与新闻评论求新，强调的都是一个"快"字。而我以为，今天，我们不能一味鼓励"想到就说"，而是力求"想好了再说"，提倡"讲好真话"。2022年2月虎年新春之际，96岁高龄的方汉奇先生在收到我的《讲好真话》一书后，引用毛泽东的语录，挥毫泼墨题词："彻底的唯物主义者是无所畏惧的。"方先生的题词是对我的鞭策和鼓励。讲真话好，讲真话难，唯有难才需要我们大家都去努力实践。

"想好了再说"，它包含的是评论者的知识积累和运用、思想过程和表达，它追求的是一个"好"字。"又快又好"是一个辩证统一体，需要评论人通过长期实践，用心感悟，力求"快"，争取"好"，"快"中求"好"，"好"中求"快"。当"快"与"好"发生冲突时，追求"好"永远是第一位的，这是新闻评论的本质所在，也是评论者的一种社会责任，须臾不可忘记。

评论要经得起历史的检验

人的思想是一个渐进发展的过程，它既与所处的时代有关，也与自身的思想变化有关。真实地记录这一切，于己于人于时代都是有好处的。尤其是当我们的思想随着时代的发展而变化时，以语言和文字的形式，将我们的思想历程记录下来，保存下去，就更有价值了。同时，它也要与事实一起接受历史的检验。

历史是不容修改的，在某一时期写作的文章反映了一个人在当时形势下对这一问题的看法和思考，它既反映了写作者当时的思想和学识，也为后来者研究当时的历史提供了一定的史料佐证。这对于研究作者和研究历史都是大有好处的。

反映思想历程的著作应该尊重历史，对于记录历史的新闻评论就更该谨慎从事了。人们的主观意识反映客观实际，不能保证时时事事都是正确无误的，但是，力求甄别事情真伪，争取让思想反映实际，"想好了再说"，却是我们一开始从事新闻评论就须牢记于心的真理。

面对变幻莫测的社会实践，评论者要在众多事情和信息中甄别真伪、衡量轻重、辨别优劣，说出他人不敢言、言不好的评论，这是一个称职评论员应时时记于心的行动准则。实践是检验真理的唯一标准，而时间将最终评判认知与实践的是非功过、真伪优劣。对评论作品的检验，不仅在于当下，更着眼于长远。作为评论者，我们可以常常将已经发表的作品拿出来看一看，读一读，由此来反思自己的思维过程，这对帮助我们成长乃至成熟都是大有好处的。

方法｜METHOD

移动传播时代的新闻评论形态可以更多样

◆ 杨娟

如今，移动终端已经成为人们最常用的获取各类信息的主要渠道，新闻评论通过微信公众号、微博、抖音、微信视频号、媒体App等多种传播渠道抵达受众。传播渠道的多样化，呼唤着新闻评论形态的多样化，不少媒体纷纷发出了音视频评论、图片评论的邀约，可惜应者寥寥。实际上，只要掌握好诀窍，新闻评论爱好者就能够轻松"拿捏"，创作出形态丰富的新闻评论作品来。

总体来说，做好视频新闻评论应该注意以下几点：

注重画面、声音、字幕和论述语言的交织运用

相比其他网络与新媒体评论，视频新闻评论的特点在于传播形态的不同，它是综合运用画面、声音、字幕和论述语言的一种新闻评论，这就是视频新闻评论的四大构成要素。

画面

画面可以直接再现事物和场景、记录新闻事件发生发展的过程，主要用来表现事实。画面包括活动影像画面，如现场画面、资料画面、电脑动画等；也包括静止影像画面，如图片、图表、绘画等。与纪录片、电视剧等视频节目不同，视频评论运用画面应坚持"为说理服务"的原则，以说理为导向、为线索来取舍和组织画面，同时还要善于运用各种表现技法和编排手段，加强画面自身的论辩能力。

---

* 杨娟，武昌首义学院副教授。本文 2024 年 1 月 11 日发表于红网。

声音

包括人物谈话、解说、现场声音、配乐等。视频评论中的同期声很重要，有的时候同期声发挥解说、介绍新闻事件的作用；有的时候同期声发挥直接议论、进行评价的作用；还有的时候，同期声发挥增强真实感、渲染现场气氛的作用。

字幕

字幕是指后期运用电子技术叠加在画面上的文字。字幕能使人在听不清楚或听不懂的情况下"看"懂节目内容，在一定程度上弥补了电视评论稍纵即逝的弱点。在视频评论中，字幕主要有两个作用，一是可以发挥提示、强调的作用。将核心观点或精彩言论做成大字体字幕，以吸引受众注意，加深印象。二是可以发挥补充、说明的作用。特别是作为对声音的补充，一边听一边看，受众能更好地理解节目内容。

论述语言

论述语言指对评论对象的评价、分析与议论，在视频评论中发挥点评、生发的作用。论述是电视评论中贯穿整个意见表达的红线，将视频评论的画面、声音、字幕等按照内在的逻辑关系串联起来，使节目成为一个有机整体，一起有效地表达意见、论证观点。在不同节目类型中，论述语言表现出不同的特点。在个人评论节目中，论述语言就是口播底稿，就像一篇篇口语化的新闻评论文章；而谈话类型的视频评论中，论述语言比较零碎，话语之间的逻辑关系也不那么紧密。

掌握最常见的视频新闻评论形态：个人视频评论

个人视频评论是由出镜者直接发表意见并完成节目主要内容的评论样式。这个界定来源于中国人民大学涂光晋教授所提出的"主持人评论"这一节目形态，是指"由主持人直接参与策划、写作、播出的全过程，并以与观众直接交谈的方式出现，融叙事性与哲理性、个性化与人格化于一体的评论形式"。她认为这种节目形态起源于中央电视台《东方时空》中的《面对面》板块，与其他口播评论不同的是，这类评论中，主持人经常以第一人称的口吻，用自己的所见所闻或亲身经历，自然而然地引出自己的感受和思考。

在传统电视评论领域，曾经出现不少优秀的主持人评论，如南方电视台的

《马后炮》，从2005年创办至今，一直由马志海个人主持，曾获2008年"金话筒奖"，马志海自述这是"一个精心准备的15分钟的演讲"。凤凰卫视陆续推出的《解码陈文茜》《新闻骇客赵少康》等，均属于这一节目类型。

但是在网络新媒体时代，以第一人称口吻直接面向镜头发表意见的人不一定是主持人，也许是媒体评论员，也许只是评论爱好者、普通网友。"主持人评论"这一说法有一定的局限性，因此，笔者改之为"主持人/个人评论"，或称"个人视频评论"。

网络上曾经出现了不少个人视频评论节目，如新华网的《新华微视点》、爱奇艺的《晓松奇谈》、优酷网的《罗辑思维》等，均是由出镜者直接面对受众发表个人意见和看法的评论类型。

这类评论的要点有哪些?

个人视频评论要有交流感

个人视频评论原本就是出镜者直接面对观众侃侃而谈的节目形态，出镜者需要营造一种拟态交流的氛围，让观看视频的网友感觉你在跟他/她聊天，在平等亲切地进行观点和意见的交流。

出镜者首先应在眼神、身姿上表达出交流的意愿。《主播说联播》之所以在2019年爆红，有一个很重要的原因就是一贯严肃的新闻主播放下了身段，随和、亲切地与镜头前的观众谈论大小时事，让网友们顿感眼前一亮。在优酷网的《晓说》中，高晓松总是悠闲地坐在靠椅上，平和地直视镜头，将镜头当成朋友，这样的坐姿营造出轻松的聊天氛围，让网友倍感亲切。

这种交流感还体现在语言表达上，以谈天式的口吻来表达意见看法。因此，主持人评论一定要注意表达的口吻，要在潜意识当中将镜头当成一个人，当成受众本身，自己正在与观众直接交谈。通过模拟现实生活中的面对面交流，体现出这种节目的交流感。如2021年两会期间央视新闻推出《一禹道两会》，主持人杨禹的一段表达：

如果你是个1995年出生的年轻人，那到了2035年正好40岁，25岁到40岁，这15年那可是你的"黄金年龄"，15年以后咱们国家什么样，跟15年后你什么样，绝对相关……从今天开始呢，我这个50岁的人，会陪着30岁的你、20岁的你、十几岁的你，咱们一起来看看，未来5年、15年，咱们的国家准备变成什么样，怎么变成那个样……

这段话虽然是出镜者单方面对着镜头说出来的，但是网友听起来并不会觉得他在自言自语，而是感觉他在和自己对话，这就是通过语言表达营造出交流的氛围。《一禹道两会》6条视频播放量全部都超10万，离不开这种交流感的成功营造。

出镜者以口语化表达意见和观点

首先，出镜者要有自己明确的意见和观点。在有些评论节目中，出镜者仅起到主持的作用，并不直接发表意见，或者很少发表意见。而在个人视频评论中，主要由出镜者来面向受众发表意见和看法。如新华网视频频道的"新华微视评"栏目，2014年8月22日推出《明星何以变毒星？》的视频评论，评论的是房祖名和柯震东吸毒被抓事件，由此反思为什么频频有明星吸毒被抓。全程伴随着出镜者的同期声进行评价议论，同时穿插新闻事件回放画面、新闻当事人的照片等各种画面，形成对该事件的完整的观点表达。如果出镜者只是复述别人的观点，或者转述别的媒体的观点，就会降低视频评论的创新性，长此以往，网友会感觉收获不大，从而放弃点击。

其次，这种意见和观点的表达应该尽量口语化。过于书面化的表达很难吸引网友的注意，如话家常、口语化的语言更能打动人心。《主播说联播》点击率最高的，恐怕要算康辉出镜的《康辉送给国泰航空一句话：No zuo no die》，3932万次观看；而《康辉说：粉联播，您有眼光》，吸引了57万多人点赞。

出镜者要注意提升人格魅力

个人视频评论对出镜者的人格、个性等因素依赖性很大。受众往往会受出镜者的人格魅力感染而点击观看节目，也很容易发展成忠诚受众。微信自媒体"罗辑思维"罗振宇就再三宣称，微信自媒体是人格魅力体，受众因其人格魅力而聚集，而成为铁杆粉丝。一般来说，受欢迎的视频评论出镜者都有这样的人格魅力：真诚、有见地、直抒己见。

出镜者的人格魅力又是个性化的。不同的成长环境、人生经历、学识专长，不同的外在形象、内在气质、性格爱好，使出镜者具有不同的个性化特征的客观条件。比如罗振宇在优酷网的《罗辑思维》节目，属于个人视频脱口秀类型。他的宗旨就是：罗胖读书，讲给您听。我们在知识中寻找独立的见识，您在把玩知识中寻找思维的乐趣。我们的口号是：死磕自己，愉悦大家。每期节目他一个人滔滔不绝地说一个小时，画面也只有他本人的半身像，但是他却以另类的观点和思维、幽默生动的语言、亲切随意的表情，营造出了节目的独特魅力。他在优酷网发布的2014年第14期视频《阿根廷为什么哭泣》，有227.9万多次播放，7000多人点赞。虽然《罗辑思维》如今已经停办，但不可否认它曾经的辉煌。

　　当然，还有访谈式、对话式、辩论式等多种视频评论形态。要做好移动传播时代的视频新闻评论，也远远不止上述这些规律，本文权当抛砖引玉，欢迎更多新闻评论爱好者一起来探索。

方法 | METHOD

全媒体时代，要有"标题竞争"意识

◆ 杨新敏

网络评论的标题极其重要，它既决定着网友是否点击并阅读你的评论，也决定着你的评论写什么和怎么写。

首先，只有好的评论标题才会让网友有点击的欲望。换句话说，它决定着评论文章的"打开率"。

纸媒时代，标题对读者的阅读选择起着巨大的作用。报纸正文的字号很小，人们第一眼看到的就是各篇文章的标题。编辑为了引导人们阅读重要的内容，在标题上做足了文章，诸如字号的大小、字体的变化、加粗、加黑、加框、套红等，花样百出。

网络时代，编辑能够发力的空间被极大地压缩。在电脑之类的大屏上，多少还有排版发力的余地，比如红网的《红辣椒评论》还有《马上评论》作为头条推荐，每个细分栏目中也有黑体字标题推荐，但到微信公众号之类的小屏上，编辑的操作空间就不大了——那里，几乎只剩下标题顺序的先后了。

这时，标题本身是不是拟得好，就成为网友点击的最重要依据了。在纸媒上，标题下面就是正文，数个标题并不是排列在一起的，但在网媒上，我们先看到的是一个目录，点击目录中的标题，才会进入正文。如果不是闲得发慌，一般网友是不会把目录从上到下挨着点击的，必然有个挑选的过程，先选中然后点击，这才看到正文，如果没被选中，正文根本没机会被欣赏。新闻的标题是把最

---

* 杨新敏，苏州大学传媒学院教授，网络新闻研究所所长，马工程《新闻评论》专家组成员。本文 2023 年 11 月 27 日发表于红网。

重要的事实信息加以提炼，如果人们看过标题觉得不是太感兴趣因而不看正文，对信息提供者来说损失也不大，因为人们已经接触到了最重要的信息，但新闻评论的主要信息在正文中，如果人们只看了个标题，评论者的劳动就白费了。

麻烦还在于，我们生活在一个信息大爆炸的时代。在这个时代，人们即便穷尽自己的所有时间，也不可能把林林总总的信息全部接收，只能挑选自己感兴趣的信息加以消化。单纯从观点信息上说，纸媒时代评论文章还很有限，但新媒体时代，人人有了话筒，乱花渐欲迷人眼。如果说纸媒时代媒体占用的还是读者的整块儿时间，那么在移动媒体时代，就连网友的碎片化时间也都被媒体抢占了。一方面是信息越来越多，另一方面，社会生活节奏加快，人们的休闲时间在迅速减少。

因此，标题竞争已经白热化。此时，没有一个好标题，你的评论如何能与网友见面？

其次，新闻评论的标题，决定着你的评论"写什么"和"怎么写"。

上中学时，语文老师总是一遍遍要求我们，写作文要紧扣中心，不能"下笔千言，离题万里"。

要想不离题万里，就先得有个"题"才行。中学老师常常是给我们一个题，让我们去做，这叫命题作文，就是说，题是现成的，你注意不要离题，围绕中心去写。让老师痛苦的是，我们要么根本就不理解啥叫不离题，想到哪写到哪，想到啥写啥，"不择地而出"；要么是码不够字，所以啥都往上凑。

新闻评论没人给我们出题，我们看到的是一个具体的事件过程——新闻，就是说，我们看到的是一个个的细节和由细节连缀起来所构成的故事。如果我们挨个对每个细节都评点几句，我们的评论就变成了对事件过程的复述，复述完，别人并不知道我们想说啥。

这时，标题的重要性就显现出来了。

我们必须问自己，关于这则新闻，我想讨论个什么问题？就这个问题，我们想得出的结论是什么？这两个问题想清楚了，我们的标题就可以确定了。如果这两个问题没想清楚，就不要强行码字，否则就会下笔千言，不知所云，拟出来的题目也会变成别的题目。

比如说，一则新闻是两个老朋友再次相遇了，有人可能拟个题目《最美的遇见》。要讨论什么问题？结论是什么？都没有。为什么？因为这个题目是散文题目，是用来抒情的，不是用来讨论问题的。类似的如《祖国礼赞》，一样是散文题目，它没有问题。

《外媒盛赞北京冬奥节俭办赛》，这样的题目呢？也没有问题。你会说，外媒什么反应不是问题吗？是，但它是指向事实的问题，其答案是新闻，不是评论。你可能又会说，"盛赞"还不是评论？是，但不是你的评论，你只是在报道外媒普遍夸赞冬奥节俭办赛这样一个事实。

《张小泉再翻车，品牌好评不能靠"刷"》，这样的题目就对了。作者看到新闻，想到了许多企业拼命刷好评的问题，然后做出自己的结论，这样，评论的题目就有了。

古人说，题好一半文，一个题目怎么拟，决定着你文章的思路。题目拟定以后，我们就可以根据题目的限定来筛选自己所掌握的材料，把与题目不相关的材料统统舍弃，与题目不相关的问题一律不谈。要说明自己的观点，还有哪些材料需要补充，则有针对性地去寻找。

总之，问题和结论明确了，我们就知道自己想说什么，该怎么说。目标就是一个——通过我的论述，让别人认可我的结论。许多学写评论的，总是收不住自己的思路，啥都想说说，啥材料都舍不得放弃，那不行。有了题，就要紧扣话题，不能顾左右而言他。

那么，究竟什么样的标题算是好标题？

一说到好标题，我们难免想到标题党。标题党有两个特点：一是文不对题，二是别有用心。它的标题极度夸张，诉诸恐惧、唤醒猎奇、调动激情，但读者点进去后，发现并没有那样的内容，大呼上当。虽然评论初学者可能会有文不对题的毛病，但不是故意的，标题党则不然。他们就是要诱使读者点击，以增加流量。在流量为王的时代，只要读者点击了，他的目的就达到了。

新闻评论的标题不应该染上标题党的恶习。虽然能够吸引人点击的标题，肯定是好的评论标题的必备项，但好的评论根本不需要故弄玄虚，就可以达到吸引点击的目的。

评论的力量在真知灼见。首先，评论的力量在于，在蝴蝶扇动翅膀时，能预见到风暴的来临。日复一日的新闻轰炸令读者先是震惊，然后逐渐丧失对某种现象的敏感。新闻只是生活的碎片，这些碎片拼起来意味着什么，人们往往意识不到。1929年美国发生经济危机时，好多人就抱怨，天天看到各种新闻碎片，却没人通过拼接这些碎片让人意识到经济危机的威胁。一个人敏锐地发现了新闻所隐含的某个被人们习焉不察的问题，一下子点醒了网友，网友当然就会很佩服，就会被吸引。其次，面对人们共同关注的某些社会问题，评论能独辟蹊径，找到新的解决思路，也会令网友觉得深受启发。最后，或者说更多的，是针对生活中不断出现的新现象，能从中提出值得思考的问题，能提供对所发现的问题的解决思路，能给人以各种新启迪，让人眼前一亮，这些都能产生吸引力。这些发现，体现在标题中，就会激发人们点击的欲望。

在真知灼见的基础上，再加上一些恰当的语言修辞，标题的吸引力就更强了。比如《南国早报》的评论《县庆，更要"限庆"》，一个谐音，增添了几分趣味。

新闻本身就意味着有吸引力的事件。所谓新闻价值，什么重要性、显著性、新奇性、接近性、趣味性……一言以蔽之，就是引发人们关注的属性。在新媒体中，因为评论和新闻的分离，评论标题和内容的分离，当人们看到一则评论的标题时，若不看正文就可能不知道在说什么事，所以，现在的评论标题往往是事件加评论的标题，如红网上的《黑保姆事件频发，老龄化社会养老之殇如何解？》，前半部分是新闻提示，后半部分是评论，既有新闻的吸引力，又有评论的吸引力，实现了二者的叠加。

因为新闻太多，人们看不过来，这种情况下，新闻评论实际上为人们提供了对新闻的筛选。被评论的新闻，肯定是更值得看的新闻。新闻加评论式标题，大致形成了两种组合。一是"新闻提示+问题"，例如《黑保姆事件频发，老龄化社会养老之殇如何解？》，网友想从作者这里获得答案。二是"新闻提示+论点"，例如《医院开设写作业专区，"最不人性"的人性化设施》，网友想知道作者这样说的理由。

新闻评论的卖点，是真知灼见，所以，只要你能发现真问题，闪现思想的火花，这样的标题，就是好标题。

让核心报道飞入寻常百姓家

分享 | SHARE

◆ 牛宁

　　《人民日报》海外网作为一家外宣新媒体，向世界讲好中国故事，向海外传播好中国声音，是我们的使命和担当。而讲好中国故事，首先要做好的就是向海外做好核心报道、核心故事的传播。

　　虽然当前活跃在我们国内的涉及核心报道的常态化栏目其实并不少，但是面向海外的常态化、系统化的原创核心报道栏目并不多，在当今，政治传播、理论传播向来是国际传播中的一个难点，尤其是面对当前这样云谲波诡的国际社会，日益分裂的世界，面对意识形态偏见的鸿沟和壁垒，我们对外做好核心报道要面对的挑战就更多，但同时需求也更加迫切。

　　如何让核心报道飞入寻常百姓家？当然我们其实更希望见到的是让核心报道在海外也飞入寻常百姓家。

　　"学习+"栏目就是自去年开始《人民日报》海外网一次有益的尝试，今天非常荣幸在这里做汇报，希望大家批评指正。

　　首先，想跟大家分享"学习+"是什么。2022年，海外网在有关习近平总书记报道栏目化、品牌化、国际化方面守正创新，策划推出了一个中英双语的短视频栏目，我们希望能用微镜头来阐述大主题，用国际化的表达来展现大国领袖风范。我们在整个过程中试图抛开宏大的叙事，向世界展现一个真实、立体、全面的中国。

　　其次，我们看一下"学习+"做了什么。"学习+"是融合图文、视频，包括

＊　牛宁，2022"好评中国"网络评论大赛优秀作品作者代表，《人民日报》海外网评论部主任。本文节选自在2022"好评中国"网络评论大赛结果发布暨创作分享活动上的发言，略有改动。

海报、漫画等多媒体、多角度的一个报道元素，实现对外英文有关习近平总书记报道的全媒体常态化的发布。自栏目成立以来，我们聚合了海外网的报道合力，因为我的团队成员都是评论员出身，而他们除了会写评论之外，其实是十八般武艺样样精通，关于这些，我在后面会再具体提到。我们整合了深度报道、评论写作、视频剪辑、海报制作等，通过各工种的协同配合，来提升核心报道的时效性、深度性、可读性和全媒体化。

在《人民日报》海外版创刊30周年之际，习近平总书记向我们发来了贺电，其中提到希望我们用海外易于理解的语言和乐于接受的方式来传播好中国声音。"学习+"也就是应用了这句话，所以我们要采取英文配音加中英双语字幕形式，以符合西方受众，特别是西方年轻受众阅读和观影的特点。

那么，"学习+"是如何走向海外的呢？其实海外网构建了包括Facebook、Twitter、YouTube等一系列的海外账号，形成了一个媒体矩阵，相信在座的绝大多数媒体同行也有这样的一个矩阵。在这里我想特别提到我们海外网有一个信息池子叫作"海聚"，我们在全世界构建了五大融媒体中心，包括美国融媒体中心、澳大利亚融媒体中心、日本融媒体中心、法国融媒体中心等，我们会把原创信息有效地分发到这五个融媒体中心，然后精准地面向当地的海外华人华侨留学生特别是外国人群体来做定向的分发。目前海聚平台已经有五十多家海外华文媒体入驻，包括传统的纸质媒体，也包括新媒体，这样我们的信息可以更加有效地流向当地受众。

再次，我们来看看"学习+"的传播时效如何。去年是我们刚刚创建的第一年，全年一共制作了10期深度报道和10期中英双语短视频，在全网的播放量接近3000万。其中特别要提到的是在海外的传播总阅读量达到了30万，对于一个核心报道在海外的传播媒体来讲，能达到这样一个数据实属不易，也正是基于我们在海外的分发优势。在五四青年节期间，我们针对共青团建团一百周年策划制作了《奋进中国的青春力量》系列报道。我们一共制作了三期视频，分别是《青年榜样》《谆谆嘱托》《强国有我》，来生动讲述习近平总书记和中国青年的互动故事。

这三期视频某种程度上满足了西方受众对于中国大国领导人形象的好奇心，让他的形象更加立体丰满，可亲可感。某种程度上，习近平总书记本人从青年时期开始的成长之路，其实也反映出中国的发展之路，他的个人成长融入整个中国的复兴浪潮当中，他就是中国青年的榜样，这也是我们策划这三期视频的核心出发点。

关于这三期视频的特色，我们总结了以下三点，第一个特色就是站位，我们不仅仅是面对国内用户，因为是中英双语的视频，我们更希望能够触达海外用户，所以我们除了用中英双语，还通过英文配音的形式来让它国际化。另外，我们还特别注重在海外一些渠道的分发。面向新时代做好国际传播是当前外宣的重要任务之一，这也是我们为什么要坚持用英语来做好国际传播。第二个特色是讲叙事逻辑，我们这三期视频看似是各自独立的，但三期之间是层层递进的逻辑关系。第一期阐述了习近平总书记自己的青春故事，第二期阐释了习近平总书记对于青年的关爱，第三期展示了新时代中国青年的风采，用这样一个全时间链条来阐述习近平总书记与中国青年在一起的故事。第三个特色就是颜值。前面提到我们的团队成员绝大多数是评论员，但是评论员不仅仅要会写评论，这三期视频我们采访了包括海外留学生、青年华侨，还有国内大学生这样的群体，共采访了30多个代表性人物或群体，然后凝结成了三期视频，用这样述评结合的论证方法，让整体的报道更加生动、更加形象、更加可感。在某种程度上，我们这样的做法也是践行了塑造可信、可爱、可敬的中国。

三期视频中的开篇之作《青年榜样》发布在去年"五一"当天，以鲜活的视频画面全面回顾了习近平总书记15岁下乡当知青，22岁去往清华求学，26岁在京工作，28岁来到基层的成长历程，也引发了海内外网友的情感共鸣。这组系列报道被全网转发，先后有100多家新闻媒体转载刊播。

最后想向大家介绍一下刚才我提到的我们《人民日报》采访的评论团队，海外网评是我们的核心栏目，此外还有《我在中国当代史》《真相》《海平面》等一系列的原创视频，采、编、剪、发一体的团队，这也是当前我们整个评论员的情况，不仅要出圈，还要学会跨界。

漫评：社会关怀与独立思想的通俗呈现

分享 | SHARE

◆ 黄颖哲

    《寻找民生幸福的细节》是我和王钰同学的漫评处女作。当我看到漫评这个赛道的时候非常心动，它选登的作品不同于以往常见的那种老辣的讽刺漫评形式，"好评中国"给予了漫评更多的可能性，不论是形式上还是内容上。2022年10月，在研究了几则漫评作品后，我揽下了选题构思和绘制草图的工作，主动联系了指导老师并邀请王钰同学一起合作进行内容创作。回想起来，那是一个很大胆的行为，此前我并没有漫评创作经验，是没有足够的把握能够担负这个责任的。但是从小到大的绘画兴趣给予了我一定的底气，更重要的是直觉告诉我，这是一个打破我自己评论创作困境的绝妙机会。

    一直以来我都专注于文字类的评论写作，通过针砭时弊来传达能带来信息增量的深度思考。但是在选题和创作过程中我发现，至少我个人很难通过文字评论将对人民幸福、国家建设的赞美实实在在、鲜活生动地表达出来。而漫评的形式，可以弥补文字评论中的不足，通过可视化形式饱满地呈现人民美好与幸福的生活。漫评可以写实，但绝不是对着祖国锦绣河山、人民幸福图景抄照片，它应是社会关怀与独立思想在作者笔触下的通俗呈现。

    在我看来，与私语化叙事的"好评"有所区别，面向广大受众的"好评"应在通俗的基础上兼具社会关怀的温度和独立思想的色彩，前者给予读者温情，承受生命之重的力量；后者明亮读者精神，赋予其远眺的视野与自由的头脑。在《寻找民生幸福的细节》的创作设计中，我和王钰发现了《人民日报》文章中有

＊ 黄颖哲，2022"好评中国"网络评论大赛优秀作品作者代表，南京师范大学新闻与传播学院学生。本文节选自在2022"好评中国"网络评论大赛结果发布暨创作分享活动上的发言，略有改动。

关十年社会建设中民生福祉的鲜活素材，从人们生活细节入手，以普通人的视角展开。

"幸福生活是什么？"这是我的思考，也是漫评的开篇。"它可以很大，大到鼓舞人心的一串串民生数据；也可以很小，小到我们身边的每一处细节。"沿着这个思路，我们描绘了共同富裕、居住环境和社会保障、幸福社区三个方面的民生细节，在烟火气里觅得幸福感，并通过适当的文字评论凸显立意。

为期五天的创作过程中，我们先后修改了六版，对细节精准把握，力求翔实客观。我们既核实了作品上出现的数据的准确性，也推敲了"人物要不要加上腮红"的小细节。最终这则条漫作品在党的二十大召开当天发表，并在第二天登上了"好评中国"专栏，获得了光明网、中青网等100多家主流网站转发的媒介效果。

对我来说最珍贵的是不断打磨、不断刷新作品的创作体验。此次的创作经历让我对漫评这种有融合特征的评论形式有了一定的掌握，也让我或多或少地打破了自己评论创作的困境，将社会关怀与独立思想通俗地去呈现，能够适应更大层面的受众的需求。我想这也算是我作为当代青年"不驰于空想"的一次探索。

07

网络评论创作，
　　何以守住规范？

有深度有见地的网络评论，离不开对基层的熟悉与了解，离不开对所评论事件的全面精准把握，如果自己都一知半解，没有弄清事件的过程全貌，评论难免会"挂一漏万"，或者是捕风捉影，也难以服众。

——《飞天网评·扎根沃野，催开"好评中国"之花》

中国"好评"当有深邃思想的"墨汁味"、融入人民的"汗水味"、与时俱进的"时代味"、昂扬向上的"青年味"。

——《中安时评·中国"好评"不可缺少"味道"》

提高评论思想力，至关重要的是加强理论修养、提高政治判断力，以政治判断来提高思想引导力。

——《长白时评·"好评论"要善用"共识"引"共鸣"》

锦言锦句

方法｜METHOD

走出网络评论写作误区的四个维度

◆ 王小杨

全媒体时代，网络观点市场日益呈现又"多"又"少"的矛盾局面：信息铺天盖地袭来，自媒体翻来覆去转述或综合几句官方信息，毫无原创性可言；"标题党"泛滥成灾，而经深度思考的、有价值的观点越来越稀缺。显然，造成这一局面的主因之一，是许多作者新闻专业主义精神的普遍缺失，写作态度上没有敬畏之心，论证毫无规范可言。

事实上，评论写作是思想观点的较量，与学术写作一样，没有专业主义精神，又如何从写作规范上增强评论表达效率、发挥论据效力、消除观点不确定性、避免逻辑谬误？所以，让网络评论写作回归基本常识，回归专业主义，提升评论作品的品质与价值，这在当前新的传播生态下显得非常紧要。现结合这些，从写作态度、常识判断、逻辑推理及语言表达这四个基本维度，浅谈如何提升网络评论写作素养、避免写作误区。

转变态度：从认识自己开始

作为评论编辑，笔者经常看到一些作者写作时没有严谨论证的态度，轻率对待自己的观点。譬如，许多人陷入了"搜索即相信"的怪圈，不问真假，只信搜索，引用大量自媒体未经核实的内容。还有一些人采用没有新闻资质的商业网站综合的信息，甚至将一些商业网站标注为新闻来源。

退一步说，一些作者即便选择了正规新闻源，也仍存在一些问题：简单复制

---

* 本文 2022 年 10 月发表于《新闻前哨》。

新闻报道，为"省事"又不去理解吸收，直接将大段新闻"原汁原味"地引用到文章中。这不仅影响文章论证的美感，而且令读者看不明白，不知这些突然冒出的"新闻事实"有何用意。

同样是摆论据的问题，"掉书袋"成了许多作者普遍存在的陋习。一些人不认真消化各种摘引的材料或名人名言。他们以为这些"原材料"会主动表达观点，所谓摆事实讲道理，只需要在一个判断句后面罗列一些事实。如果不认真消化这些引用的内容，结果只能是忽略了评论的论证过程，观点与事实便成了"两张皮"。至于那些专家言论或研究成果，引用后若不加以消化转化，那也仅是一再重复他人观点，不仅没有多少价值可言，而且拉低了论证水准。

更有甚者，抄袭问题时常令评论编辑"防不胜防"。这些抄袭者中不乏老作者，他们大段摘录领导讲话，却鲜少注明出处，或者整段抄一些权威大报的评论员文章，且抄得心安理得。有些抄袭成瘾的作者经多次沟通后依然如故，编辑只能在投稿邮箱中将其标为"抄袭者"并拉黑处理。如此违背写作伦理，是不知何谓"抄袭"？有些人写公文抄材料抄习惯了，觉得评论写作与公文抄材料是一回事。有些抄袭者不仅仅不认为自己是在抄袭，反而将"天下文章一大抄"作为写作准则，为抄袭行为狡辩。

除了这些，还有一些比较常见的认知问题：如混淆文体，分不清评论与新闻、散文的区别。如只为发表而发表，不负责地将一篇篇错别字连篇、四六不通的文章投向编辑邮箱；一些评论作者随意否定或改变自己的观点，成了家常便饭。这些本质上也是态度不够端正。

从根源上看，这体现出许多作者对评论写作缺乏基本的敬畏之心。应该说，要心存敬畏，改观这些主要的问题，还得从两方面入手：一是弥补认知上的欠缺。理解评论写作是思想观点的表达，是基于智识的对话，这需要基本的常识及坦诚的态度。同时能理性、客观、公正地对待他人的观点或研究成果，批评他人观点须建立在深入理解了他人观点的前提下。二是改变过于以自我为中心的心态。不要认为自己的观点始终是正确的，摒弃所谓的无所不知的"上帝视角"。

摒弃"上帝视角"，得从"认识你自己"开始。处于特定时间与空间下，每个思考者都须意识到且要承认，"我可能是错的"，保持一份"智识上的谦卑"，超越自己的感性，理性、客观、公正地对待自己与他人的观点。有效的办法之一是，列一个影响自己思维习惯和态度的问题清单，如"是什么影响我的判断""我对哪些事物有偏见""常犯哪些表述错误"等，然后坚持逐一改掉。

审慎判断：走出价值误区

没有判断，就没有评论。判断水平的高低，直接决定着评论质量的优劣。浏览网上各平台的评论，不难发现许多作者缺乏基本判断，或对判断存有误区，或只会根据个人情绪发表一些感悟式评论。这显然远离了网络评论的核心要义，陷入了"判断误区"。在笔者看来，"判断误区"可以从事实判断与价值判断两个层面来厘清。尽管有些学者还提出了专业判断、法律判断，甚至还有艺术判断，但这些判断基本上可归入事实判断或价值判断的范畴。

一方面，事实判断的误区主要体现在专业性上，人们往往忽视事实判断需要专业判断来支撑。

如"某地经济发展的前景是不是会迎来利好？"，这就需要具备一定的经济学常识，了解当地的经济发展现状，以及具有哪些独特的发展条件等。尽管专业判断不一定完全正确有效，但这至少是一种全面、合理的判断过程。许多作者没有意识到这一点，以为事实判断就是判断现成事实，判断有些随意，缺乏合理的依据。

事实判断的误区还体现在盲目性上。如有这样一则案例：清华大学发布了2021年毕业生就业报告，称清华62.9%的毕业生已经实现就业，其中签三方就业的学生高达49%，其中进入党政机关、事业单位及国企的毕业生人数是3669人，占比高达69.9%。于是"近七成清华毕业生进了体制内"这个事实判断成为各大媒体及自媒体评论的对象。《近七成清华毕业生进入体制内就业，风向标提示着什么？》等文章刷屏，甚至在一些平台，出了一些所谓的"专家解读"，如"经济学家对七成清华毕业生进体制内表示遗憾"。正是因为这判断源自权威媒体，许多评论写作者对数据放松了警惕。事实上并非如此，签三方就业的七成，与毕业生的七成不是一回事。

之所以出现这类现象，主要原因之一是，在全媒体语境中，在报道"有意偏向"的影响下，作者往往易于选择"主观性的忽视"，加上"流量至上思维"的推波助澜，急于找一个能引发人们关注的"热点"，以最快的速度成文发布。于是，真相迅速被肢解、扭曲和掩盖。类似的还有，一些新闻反转更是令评论作者及媒体编辑防不胜防。不加分辨厘清就去评论，犹如舐皮论骨。毕竟，评论写作与新闻报道通过事实来链接，我们作出判断时应审慎再三，不能与新闻抢跑，不能被不断反转的新闻"牵着鼻子走"。

另一方面，价值判断上的误区，主要涉及评论写作中的价值次序问题。

价值判断是一个严肃认真的思维活动，尽管要回应热点问题，却也应当分清主次，不能过于关注琐碎无聊的网络谈资。针对热点事件或重大主题，许多作者的选题、立意、角度，往往注重一些细枝末节或次要且间接性的问题，忽视了问题的本质，显然是偏离了价值判断的正常轨道。有时，这些价值判断不仅偏离，甚至还会掩盖一些事实。一些作者常常从个别角度出发，论证来论证去，最后又回到个体，没有体现出应有的公共价值。譬如，新闻报道一件重大案件，第一角度应是批判直接性的恶行，而非去挖掘间接性的社会因素。这并非说深挖罪恶滋长的社会土壤没有意义，而是我们批评恶行首先是不能遗漏或忽视应有的正义。

纵观近代以来的评论发展史，在价值判断要回应问题本质的层面上，有许多值得学习的典范名作。如毛泽东的《别了，司徒雷登》（1949年8月18日）。这篇文章通过司徒雷登的"所见"，以及狼狈的境地，生动赞颂了中国人民的骨气，非常有力且有艺术性地讽刺了美国帝国主义侵华政策的惨败。作者并没有局限于对司徒雷登个人的批判，而是将司徒雷登变成了侵华的"象征性人物"，来论说一个大主题，即一针见血地揭露了美国侵华的本质，表达了中国人民的心声和坚强决心。

这些常识告诉我们，作为一种公共性的写作，网络评论应着眼于"能激励最大多数人的事"，即关乎国家利益、民族情感的时代浮沉的大事，写大事大情大理，要有基本的公共情怀，而非仅仅盯着那些鸡毛蒜皮的小事。围绕邻居家的猫产患，洋洋洒洒写上几千字，即便文笔再优美，也没多少意义。

优化逻辑：拒绝推理谬误

评论写作中总是存在各种各样的思维缺陷。我们常常犯简化归因、事后归因、双重标准、刻板成见等错误，文章读来令人眩晕。国内外一些学者对这些层出不穷的谬误进行了总结归纳。如美国爱德华·戴默在《好好讲道理：反击谬误的逻辑学训练》中指出谬误的五种类型：论证结构有缺陷、前提和结论不相关、前提不能被接受、提供的前提不足以支持结论、不能对可预见的质疑进行有效反驳。这一归纳基本上较为全面、准确，每一种谬误都反映出作者论证思维上的缺陷。

譬如"得克萨斯神枪手谬误",这是美国一则流传已久的笑话,说是有一位老得克萨斯枪手曾用诡计欺骗他的朋友,让朋友对他的枪法产生深刻印象。这位枪手在牛棚的门上打出一串枪眼后,围着这些枪眼画出了靶子。"看见了吗,伙计?每次我都正中靶心!"显然,这一谬误描述了评论写作存在的这样一种现象,即先决定了自己的立场(靶心),然后才开始找证据,并且只找对自己有利的,而对于那些对自己不利的就选择性忽略。举个例子,在某离婚案的法庭上,男方为了证明自己是个好丈夫,称自己为了家庭付出金钱和时间,对家庭的关心无微不至,只字不提家暴的事情。这是典型的"得克萨斯神枪手谬误"——隐藏了关键性信息,若不去甄别,一般人往往易被误导。

事实上,推理论证缺陷存在于评论写作中的每一个环节。譬如,没有根据的假定,认为广泛报道的就一定是真的;引用的数据、案例不仅不具有代表性,还具有迷惑性,"幸存者偏差"频现;混淆因果关系,迷信"共同变化,是为因果""在此之后,因是之故",简单认定发生在前面的事项,一定是后面事项的原因;错误类比、滥用类比,在类似性的伪装下,硬生生将两个不同的个体建立起了"同一性";有意忽略重要或关键性的信息,误导读者形成不合理的认知,接受无效且存在明显偏差的观点;为论证而论证,有意忽略对立观点中的"关键性异议",回避较难反驳的论点;论证结构不完整,前后不呼应,有头无尾,甚至是无中生有,结论并非由前面的论证推导而来,或错误归因,草率得出结论,诸如此类。

那如何避免这些论证的误区,警惕谬误的欺骗性呢?一般意义上,我们可以通过重构论证结构,对某个论点的论证过程进行标准化重组,让论证存在的谬误一目了然。我们还可"以其人之道,还治其人之身",通过对比让人明白自身的逻辑谬误。或可以直接反证,指出推理论证中存在的明显问题。

当然,我们学习认识这些逻辑谬误,主要还是为了训练自己的思维,让自己习惯性"免疫"。由此得出的启示之一是:在光怪陆离的舆论场上,做判断决策时要兼听,及时发现问题,不要被诡辩拖入泥潭。而且,不要一味地为自己的错误找借口,要意识到论证与表达个人意见并非一回事,而须有"求真意识",寻求更合理的答案,熟练运用辩证思维,把握一些基本的论证原则,毕竟我们所面临的事件并非只有一种解释。

完善表达：让我手写我心

观点再鲜明、论据再典型，若是表达不清，文字没有基本的表现力，一切又是徒劳。许多人认为有观点就等于有了一切，这将评论与表达割裂开来。还有，目前许多作者的文字表现力堪忧，尤其是大学生评论员，他们经历了应试高考，作文大多是模板复述，高考过后模板淡化了，甚至都变得不会写作了。

文字表现力差因人而异，涉及多个方面，这不仅是语法问题，也与一个人的逻辑思维、认知水平有关。除了缺乏逻辑推理外，文字表现力差还主要体现在以下几个方面：

1. 用词不当，基本语法知识不足。运用词语不合语法规则，忽略词语的多义性和易混淆性，使用有歧义的词语，这些问题常见于网络评论中。如在语法问题上，一个句子中，就连主、谓、宾、定、状、补这些成分都分不清；在词语的易混淆性上，许多作者常常不能区分权利与权力、体制与机制等基本词汇；在词语的多义性上，不妨看看这句话：那所学校的教育质量并没有出现滑坡，因为我问了一些人，他们都说根本看不出有什么教育质量滑坡的现象。这句话的问题显然忽略了词语的多义性，"教育质量"这个关键词，到底指什么并不明确。字典中"质量"不仅有多种意义，也有多种衡量标准。"教育质量"可体现在学生的平均成绩、学生思考问题的能力、有高级职称的教师人数等不同方面，每个标准都代表了一种衡量教育质量的方法，不同方法将会得出不同结果。

2. 表达没有效率。文章绕来绕去，抓不住要点，读了半天不知道作者要表达什么；有些评论结构不清晰，甚至没有一个中心观点，编辑在处理这类稿件时，想重拟个标题都不太可能，哪怕选题再好也只能舍弃不用；作者常识性词汇缺失，尽说一些"外行话"，或者全篇皆是"口水话"或者表达不准确，分不清褒贬，导致了理解困难……这些都是表达效率低的体现。如使用民主、正义、平等这些常用词语时，总是泛泛而谈；认为只要文笔好就能写好评论，尽用一些华而不实的词汇，忽视了评论的核心是论证说理。归结起来，表达效率低的关键在于作者知识结构不完善、专业性不强，对所评论的领域研究甚少。

3. "网八股"盛行。有些作者习惯了在体制内写材料，一写评论就是"一二三四五"，各个点毫无逻辑关联，读来毫无思辨美感。这些材料式的"网八股"，不能算是真正意义上的评论。这些文章从内容到形式都已经"套路化"，总是使用诸如"当好群众身边的服务员，在关键时刻担当作为"等这些万能的模板句式，套用"凝心聚力""求真务实"等几乎不变的常用词汇；形式上则第一段摘录一段新闻，只字不改，原始呈现；第二段机械式表态，接下来就是一、二、三并列一摆，文章就收尾了。一些责任心不强的网络编辑在编稿时，往往直接跳过新闻由头，认为反正是摘引自权威媒体报道中的，大体上不会出错，一扫而过也就难免出错。如"各级党委政府思想上要高度重视，要牢牢抓住五大领域建设这个牛鼻子，让各类项目快开工、快建设、快达效，不断筑牢基础设施建设根基，为全省经济发展注入源源不断的强大动力"这类表述，就是典型的喊口号的套话，是应该避免的"正确的废话"。

4. 融媒化、视频化的趋势下，网络评论界存在某种不适应性。视频化传播、垂直化分享、沉浸式体验，已然成为趋势，正渐渐变成现实。这带来的巨大改变是，深度思考让位于"感官触动"，甚至有学者已提出"神经传播学""透过大脑看传播"。显然，这些变化对适合文字传递的思想观点表达，产生了某种不适应性，于是业界也在网络评论的呈现上，究竟是该继续扎根文字传统，还是顺势而为实现全面视频化转型，出现了意见分歧。须避免的极端是，将文字与视频完全割裂开，认为文字是表达思想观点的唯一载体，视频或注重设计美感的H5、绚丽的海报等都非表达深度内容的元素。

当然，文字是思想观点的主要载体，但并非意味着视频或其他融媒作品就不能表达深刻的观点。这取决于写作者是否有思想、有观点，是否适应新传播形态。无论如何，网络评论不宜硬性将文字与视频对立开来，而是要回归确保或增强文字表现力的基本常识。

【参考文献】

[美] T. 爱德华·戴默著，刀尔登、黄琳译：《好好讲道理：反击谬误的逻辑学训练》，浙江大学出版社，2014年8月第1版。

方法 | METHOD
新闻评论要承担的社会责任

◆ 王仕勇

　　我们处在一个信息过载的时代。人人面前都是麦克风，人人都是新闻发言人。随着新闻评论空间的开放，各种途径、各种形式的评论信息铺天盖地，良莠不齐。在这个众声喧哗的时代，如何减少人们的迷茫和焦虑，被喻为"新闻传媒旗帜和灵魂"的新闻评论，承担着较传统媒体时代更为突出的社会责任。

　　新闻评论，主要传播的是意见性信息，是对事实性信息发表的意见和观点。新闻评论的社会责任要求，基于其强大的社会影响力。在新闻评论表达主体多元、价值观多元、表达渠道多元的背景下，作为一种传播力量的新闻评论，如何在培育理性平和、积极向上的社会心态上承担社会责任，是一个理念问题，更是一个实践问题。

　　新闻评论要承担社会责任，必须对评论的出发点——事情的真实性负责。曹林在《时评写作十讲》中提出，"一事当前，先问真假，再断是非，再说利害"。新闻评论，是在真实准确的事实材料基础上的论说，如果事实材料偏颇、片面甚至谬误，无异于空中楼阁。新闻评论，只有基于"真相"，才会有理性。网络时代，情绪往往跑在事实前面，谣言往往跑在真相前面，如果新闻评论的出发点发生问题，评论的是一个虚假信息，是一个虚构想象的事件，是一个被断章取义的事件，那么无论新闻评论的笔触多么犀利，论证多么严丝合缝，都注定是失败的甚至是影响恶劣的。因为这样的评论已经没有支点，丧失了前提，自然立不住脚，一触即溃。这就要求无论是职业的还是非职业的新闻评论者，增强对真

＊　王仕勇，重庆工商大学文学与新闻学院院长、教授。本文 2022 年 6 月 28 日发表于红网。

假消息的判断力，自觉承担传播责任。

新闻评论要承担社会责任，必须贴近评论的基点——人民群众的真实生活。新闻评论是一种言说现实世界的权力话语，具有鲜明的价值属性。我国近代著名政论家汪康年曾说，"夫报者主持舆论者也，引导社会者也。善则大局蒙其福，不善则大局受其殃"。在我国，新闻评论承担着舆论引导、舆论监督等社会功能。新闻评论要让人看，让人看得下去，让人看了有所启迪思考，就必须与人民群众的生活相联系。这其实就是一个价值取向的问题。如果新闻评论不着边际地自说自话，就不会有读者；如果新闻评论只是唱高调，空洞无物，板起面孔，照抄照录文件和领导讲话，就难以吸引读者；如果新闻评论为了所谓的流量去标新立异，只注重形式的新颖而忽视实际生活，不关注社会问题，看不到人民群众的利益诉求，就是隔靴搔痒，谈不上有什么效果；如果新闻评论为利益所蒙蔽，以民生为幌子，为一己私利践踏公众利益，昧着良心说话，那就丧失了新闻评论的伦理底线。

新闻评论要承担社会责任，必须在评论的关键点——论证上下功夫。新闻评论是表达观点的作品，具有公共性和说服性。选题好，立意新，但若论证没有逻辑性，就不能以理服人。新闻评论的力量，主要是论证的力量，摆事实讲道理的力量，是不可战胜的逻辑力量。曾看到这样的经验分享，"偏激的观点才具有煽动性，才容易火"，以为偏激的观点就能说服人、就能赢得受众，这种以渲染情绪为目的的套路，已经把社会责任置之脑后，只会增加社会戾气，谈不上会传播什么正能量。新闻评论固然带有主观色彩，带有感性，但其对概念、判断、推理的运用，对形式逻辑的重视，才能使其在析事明理中由表及里，在破和立中游刃有余，从而抓住本质。新闻评论中的观点，必须是经过严密论证后的认识结果。论证的力量，其实是作者对事实的认知和洞见的力量，是思维和逻辑的力量，这种力量，也是社会责任感赋予的力量。

今天，自媒体满足了我们个性化的需求，每个人都有自己的话语权，但传播的公共性也越来越彰显，传播好声音是新闻评论人的社会责任。

方法 | METHOD

守护好评论写作的初心

◆ 章丽鋆

评论是一个人、一个媒体价值观的第一载体，它是思想的风暴呼啸之后沉淀下来的价值立场。评论的初心是什么？就是以理服人，以文化人。

在全媒体时代，面对媒体格局、舆论生态的不断变化，各家媒体都不断通过加强传播手段和话语方式的创新，推出一批有思想、有深度、有温度的评论作品。从长期的传播实践来看，在众声喧哗中，最终能够脱颖而出的评论作品，终归还是那些坚持以理服人，善于讲理的文章。正所谓"不畏浮云遮望眼，乱云飞渡仍从容"，有稳定的价值立场，能在舆论风暴中厘清思路、讲清道理是一个好评论必不可少的条件。

从事评论编辑工作十余年，我对评论始终心怀敬畏。从一开始做评论，前辈就告诉我，你一定要清楚评论的作用是什么：一是把握历史大势，推改革、促开放，倡法治、惜民生；二是守护人文精神，维护人的尊严，尊重人的权利，呵护人的情感，表达人的态度。每一篇热腾腾的评论捧至手中时我都会仔细衡量——它是否符合我们评论的初心。

以理服人，要与社会发展同频共振，亦要与普通人命运相惜。评论不能缺席重大时间节点，这是时代与人民的"互动"方式，也是阐释历史发展脉络的良好契机。

比如，在马克思200周年诞辰的时间节点，中国新闻奖的获奖作品《马克思诞辰200周年：他始终"在场"》，就是一篇颇具特色的评论。马克思是谁？家

---

* 章丽鋆，光明网网评中心主任。本文 2022 年 5 月 31 日发表于红网。

喻户晓；但马克思主义为何在当代依旧闪耀着魅力？人们未必都能理解其原因。而这篇文章要向人们或者说是互联网时代的人们展现的正是：马克思的辩证法和历史观如何穿越地域，影响世界、改变中国；他的学术枝叶又如何穿越时代，延伸出今天众多的马哲研究路径，从而始终保持着长久的哲学魅力，保持着对时代的"在场性"。文章找准了今天传播语境下马克思形象的新塑造方式，让"不一般"的马克思瞬间在人们脑海里具象化了；也让人们了解马克思主义是如何动态地、深层地影响着我们的社会，以及推进"马克思主义中国化"的意义所在。

再如，曾经喧嚣一时的"私营经济要逐渐离场"的论调，提出私营经济不宜继续盲目扩大等观点，在网上引起舆论哗然。经济日报当即推出评论《对"私营经济离场论"这类蛊惑人心的奇谈怪论应高度警惕——"两个毫不动摇"任何时候都不能偏废》，直指要害，毫不妥协。文章称，今日之中国，已经成为世界第二大经济体、第一大工业国、第一大货物贸易国、第一大外汇储备国；人民生活已从短缺走向充裕、从贫困走向小康。改革开放给中国带来翻天覆地的变化，根本无从得出要对非公有制经济"卸磨杀驴"、以公有制取代非公有制的方式发展混合所有制经济的荒谬结论。

光明网评论员紧随其后推出《改革开放40年：更要坚定市场导向》。文章指出，无论从市场形成的全部历史看，还是从中国市场体制构建的历程看，多种所有制的存在及其发育程度，是决定市场导向确立及其成长路径的前置性因素。非多种所有制的市场是从来就不存在的，因而私营经济的离场，铁定意味着市场导向的反转，也一定导致市场体制的坍塌，必然地，市场配置资源的作用更是无从谈起。"改革开放40年，只是历史一瞬。中国要继续发展进步，要更加富裕、更加具有活力，前提就是坚持市场导向，坚定市场导向。只要这个导向在，多种所有制形式也必定在。反之亦然。"

人民日报新媒体紧接着推出评论《民营经济：只会壮大、不会离场》。文章直接指出，国家支持民营经济发展，是明确的、一贯的，而且是不断深化的，不是一时的权宜之计，更不是过河拆桥式的策略性利用。

舆论战前后进行了近两个月时间，随后召开的民营企业座谈会，重申了必须坚定"两个毫不动摇"的方针，批驳了否定、怀疑民营经济的言论，给广大民企送上了"定心丸"，也激发了全面深化改革的动力。

社会的发展与普通人的命运休戚相关，看似一篇网文掀起的风浪，若没有得到及时的纠正，讲不通这个道理，那市场的信心崩塌，普通人的未来又何去何从，所以此刻的好评论就是一颗"定心丸"，绝不允许缺席。

以文化人，守护人文精神，引导向善向好是评论不可或缺的情怀。

新冠疫情的出现，让评论的目光也始终聚焦与疫情相关的新闻。面对重大突发事件，我们看到了国家的应对，也看到了人民的努力。在抗疫前期，因为对未知病毒的恐惧，各地形势艰难，"硬核"封堵措施纷纷出台，舆论场处于高度失焦状态。光明日报当即推出评论文章《湖北人，是同胞也是同袍》《回国的他们，也曾包机送口罩》，只读标题便明白所要阐述的观点，同时将人文情怀蕴含其中，评论没有站在舞台上指点江山，只是站在人群中喊出了"同胞也是同袍"的口号，瞬间使舆论场由情绪对立转回到战线统一。

再以获得中国新闻奖的评论作品《疫情当前，怎么火了一句唐诗？》为例，当舆论场上关于日本援助物资上的"山川异域，风月同天""岂曰无衣，与子同裳""辽河雪融，富山花开；同气连枝，共盼春来"等言论传得沸沸扬扬时，该文没有去加剧舆论场中对立的情绪，而是讲述一种文明感，而"这种文明感，又恰是疫情发展到当下，急需强调之事"，将大众情绪带回依法文明防控的基本面上。其言论共识共情同理，打动人心的同时凝聚起力量，得到各方点赞。即便是在疫情防控的第三年，"语言的体面、情感的深刻、行为的得体"依然被很多业内人士反复提及。

傅雷先生曾说，"哪一种主义也好，倘没有深刻的人生观，真实的生活体验，迅速而犀利的观察，熟练的文字技能，活泼丰富的想象，决不能产生一件像样的作品。"每次下笔之前，都先问一问自己，写这篇评论的初心是什么？以理服人，以文化人，守护好这份写作的初心，让每一次落笔的文字都如流水一般，清澈澄明，刚柔相济。

近期，以"新时代　新征程　新青年"为主题的2022"好评中国"网络评论大赛已在湖南长沙正式启动，大赛面向全国征集优秀评论作品。期待"好评中国"让一批优秀的评论作品脱颖而出，推出更多讲道理、体民情、聚人心的评论，真正实现"以一言而立骨"，更加凝聚起团结奋进的磅礴力量。

方法｜METHOD
拿常识这根尺子量一量，避开暗藏的"坑"

◆ 易博文

是江湖总有风雨，开展网络评论，我们有时如烟雾弥漫的江湖之上的一叶扁舟，由于一时看不清楚、看不真切，很可能"挨刀""打脸""翻船""踩到坑里"。有道是"人在江湖飘，怎能不挨刀"，出错也在所难免，但是，注意一下，尽量规避，争取少挨几下，少掉到"坑"里去，也是好的。

"有一说一"，有0.5就只能说0.5

评论员不是记者，不可能深入到事件的发生现场去，掌握的事实有限，很容易为网上流传出来的有限的、片面的素材所影响，从而在评论时出现偏差。尤其是在舆论声音一边倒的情况下，极易受到裹挟。所谓的特斯拉"刹车失灵"事件就是一个例子。在上海车展特斯拉展台上，一名年轻女子站在车顶高喊"特斯拉刹车失灵"，这事很快登上了热搜。一边是国外知名车企，一边是国内女车主，评论几乎一边倒地对着车企口诛笔伐。可是，这是事实吗？真的是"刹车失灵"吗？随着事态的发展，最终答案是否定的。很多站在女消费者一边的评论员被打脸了。

并非孤例。早先，陆慧诉三菱帕杰罗汽车也曾闹得沸沸扬扬，结果调查发现，肇事车辆是"在没有经过三菱汽车公司同意及许可，也未被三菱汽车公司知晓的情况下擅自使用三菱汽车公司的商标进行组装的"车辆，"三菱汽车公司在此事件中不负任何法律责任"。我们同情一些人，然而事实毕竟是事实。

---
* 易博文，湖南日报湘评频道总监。本文 2022 年 6 月 2 日发表于红网。

"有一说一"，有0.5就只能说0.5。我们只能就已知的事实评论，不能把猜测、想象当事实，也不能根据以往的经验来推论事实。情感因素往往成为让人犯错的最大诱惑。一旦"跟着感觉走"，理性的思考、独立的判断就会离我们远去，评论员也就很可能与"愤青""喷子"站在一起，虽然可能收获了很大流量，却把谬误揽入怀中。

拿常识这根尺子量一量

颠覆常识的事情总是容易被人关注，成为热点，有时也恰恰是这样的极端事件，牵出了背后一个更大的真相，爆出一个值得评论的大瓜。但是，更多的时候，是没能逃过常识的范围，只是一场闹剧。

清华博士应聘协警就是一例。一位清华大学的女博士居然应聘当协警，就业形势这样严峻了吗？这一事件贩卖了多大的焦虑呀。不少评论已经在网上传开了。清华大学发出声明：查无此人。一个不断升温的热点舆情迅速就被终结了。其实，如果用常识这根尺子来量一量，是应该能够打出一个问号的。博士，在我国还是属于高端稀缺人才，何况清华大学的博士。不少学校要引进一名博士，还得付出不少的努力。当然，也有北大毕业生卖肉的事例在前。那也是反常的，是值得用常识来拷问和求证的。"先问真假，再论是非。"是"真"的，当然可以评。

早些年，也有所谓的大城市的大学生回到农村过年，看到农村多么穷的帖子热传，事后被证明是假新闻。新闻为假，等于皮之不存，因此无论怎么评都是错的。

拿常识这根尺子量一量，问号消除了，才是我们出手之机。

当然，"让子弹飞一会儿"，真相总能水落石出。问题是，网络传播时代，哪里等得到水落石出？快与真相，这一矛盾，永远在评论员心中博弈。我们有多么热切地想要介入到热点事件中去，就有多么大的风险"挨刀"。就像是一场综合格斗，只有不进八角笼，才有可能不挨揍。唯一值得追问的是，当我们挨了揍，确认失误之后，是躲着不吭气，接着去追逐下一个热点，还是勇敢地发出不同以往的声音？

找专业人士加持，在巨人肩膀上发声

一个号称"格斗打假第一人"、要"把武林圈子里那些坑蒙拐骗的家伙全部揪出来"的三流格斗选手徐晓冬，20秒就打败了太极大师魏雷。陈氏太极传人王占海拟派弟子陈前应战，少林寺第一护法武僧释延觉也给他下了战书，一时非常热闹。我就此写了一篇评论，觉得也还言之成理，言而有文。为了让心里更踏实，我把该评论拿给专门跑体育线口的资深记者看，不看不打紧，一看才发现完全不是那么回事，赶紧修改。失败的经历总是更容易让人铭刻于心。此后，凡涉及专业的领域，要么多读多看，在巨人的肩膀上发声；要么请教人，听参谋意见。身边有几位可供请教的行家，能帮助我们避免掉到"坑"里去。

这也就是我们鼓励评论员走到一线去，走到基层去的原因。凌空蹈虚，顾盼自雄，内行会发笑。这也就是我们为什么鼓励专家走到大众媒体来，有了专业的声音，真理才会越辩越明，道理才能越讲越清，而不是一味地撕扯，一地的鸡毛。

评论员掉进了坑里，很可能把别人也带进坑里，这可不是件小事。每一位评论员在作品发出前的一刹那，都应该再审视一下——能不能经得起历史的检验，有没有避开暗藏的"坑"。

好的评论作品该如何脱颖而出

分享 SHARE

◆ 胡艺华

在参与"好评中国"网络评论大赛评审过程当中，我感觉这对我来说既是一次历练也是一次学习，更是一次提升和净化。因为，透过这近五万件作品，我们深深地感受到"好评中国"网络评论大赛，深入人心，深入基层。

我在思考，它为什么能够好评如潮？我认为，第一，它是网络文化的新赛道，赛出了水平，赛出了格局，赛出了觉悟。第二，它是思政育人的新载体，承载了思想，承载了智慧，更承载了力量。第三，它更是理论传播的新平台，播撒了种子，也播撒了希望，更播撒了未来。

在评审过程当中，什么样的作品会让我们眼前一亮，让我们由衷地感动，让我们给出高分？

我的理解是，能够脱颖而出的好作品，一定是体现了三位一体的。第一，是思想第一，它一定为我们这个时代，为我们这个民族，为我们这个国家来发声。第二，是内容为王，越是扎根生活，越是贴近现实，越是走近你我，越容易引起我们的共鸣。第三，是话语是金，好的作品一定是以一股清新的话语之风感召人、感染人。总之，在评审过程中，好的作品，一定是让我们评委先有思想的共识，再产生情感的共鸣。

"好评中国"网络评论大赛给了我这样一个启示——在如今这个时代，网络评论的话语如何通过创新来吸引人，来影响人，来凝聚人。我的理解是，第一，它一定是以新思想来熔铸其价值内核。换句话说没有深度的作品是征服不了

---

* 胡艺华，2022"好评中国"网络评论大赛评委代表，湖南农业大学马克思主义学院院长。
本文节选自在2022"好评中国"网络评论大赛结果发布暨创作分享活动上的发言，略有改动。

人的，是没有力度、没有厚度也没有温度的。第二，它是以真情怀来增强张力。读一个好的网络评论，犹如跟一个有情怀的人对话，从中我们能感受到文字的张力。第三，它一定是以多学科融合表达。除了我们传统式的文学以外，还可以融合音乐、美术、舞蹈等，多学科的融合表达，会给我们的作品插上金色的翅膀，让它飞得更高、飞得更远、飞入千家万户，飞入人们的心灵。第四，要以艺术化提升美感。一段文字一句话其实传递的不仅仅是思想的力量，还有审美的力量。

"好评中国"：好的三个维度

◆ 谢志远

因为"好评中国"，我感受到一股强劲的网络正能量正不断壮大、日益充盈。我想结合自己参与评审的体会，谈"好评中国"之好的三个维度：

好评中国，好在情怀之深。写作者唯有心中怀着赤子般的深情，其评论作品才能带给我们直击心灵的感动、产生打动人心的力量。很多"评友"正因为怀着对祖国母亲深沉的爱，才做到了带着温度，去生动呈现祖国大地奔腾发展的气象；才做到了在污蔑、抹黑中国的各种杂音中，发出震耳欲聋的声音；才做到了"用情用力讲好中国故事，向世界展现可信、可爱、可敬的中国形象"。唯其如此，我们才看到"好评中国"在网络空间激荡起澎湃的中国声音。我也相信会在越来越多"评友"饱含深情的写作中，升华出表达爱国之情的新"声"态，进一步巩固各族人民对中国共产党的认同、对伟大祖国的认同、对中华民族的认同，进一步提高做中国人的志气、骨气、底气。

好评中国，好在思想之美。好的作品弘扬信念、展现精神、传递价值、彰显梦想。因为思想之美，一部好的作品犹如"一束光"，照亮网络空间，照亮精神世界，引领亿万网民追光而行。我看到很多作品以社会主义核心价值观为引领，或用贴近人民的视角，既讲闪耀着光芒的先锋，也讲默默坚守的平凡人，饱含着对幸福生活的真实感受，传达出对社会发展的理性思考；或充分挖掘中华优秀传统文化中的思想观念、人文精神、道德规范，促进人民在理想信念、价值理念、

---

* 谢志远，2022"好评中国"网络评论大赛评委代表，湖南工商大学数字传媒与人文学院副院长。本文节选自在2022"好评中国"网络评论大赛结果发布暨创作分享活动上的发言，略有改动。

道德观念上紧紧团结在一起；或力求讲清楚讲透彻道理、学理、哲理，推动主流价值更好地抵达人心、滋润人心、凝聚人心。正是得益于这些高质量的"思想产品"，有效增强了全党全国各族人民的自信心和自豪感、凝聚力和向心力。

好评中国，好在笔力之雄。评论创作和文学创作一样，需要很强的"脑力""眼力""脚力""笔力"。好的评论之所以能引人入胜，令人感到心旷神怡、酣畅淋漓、回味无穷……是这些力综合作用的结果，其最直接的体现是"笔力"。实践证明，凡是好的评论，无不透射出雄健的"笔力"，读来或生动形象，洗练明快，铿锵有力；或字字珠玑，句句铭心，情真意切；或清新朴实，朗朗上口，和谐优美。在"好评中国"，很多作品体现了短、实、新的文风：力求简短精练、直截了当，观点鲜明、重点突出；不讲脱离实际的话，不讲虚话，不讲无病呻吟的话，不讲照本宣科的话，不讲故作高深的话；力求思想深刻、富有新意。相信会有越来越多的"评友"，用综合素养的火焰锤炼好的"笔力"，有越来越多的作品摆脱程式化，以接地气的方式、创新的话语、多元的表达，触动灵魂、震撼思想，唤起同向同行的共情，激起礼赞新时代的共鸣。

以"网"为媒、以"评"聚力，"好评中国"大有可为、大有作为，舞台一定会越来越大，声音一定会越来越响。作为评委，我愿以好学之心如饥似渴地品读，以专业之心精挑细选佳作，以赤诚之心积极弘扬主旋律，和大家一起，把握历史厚度、站稳时代高度、传递民生温度，让"好评中国"成为网络空间里首屈一指的正能量品牌，在这里立起网络空间的"风向标"，筑牢主流价值的"主心骨"，打造正能量的"新高地"，画好团结奋斗的"同心圆"。

评论评选，不是听取"点赞"一片

◆ 高明勇

这几年，我先后担任过一些评选活动的评委，特别是评论大赛的评委，感触颇多，这些大赛有面向社会的，也有面向高校的，包括我所负责的凤凰网评论部，也连续数年举办"影响中国十大评论评选"。总体上，我有一个深刻体会——"评选"也是一种调研方法。

之前，2022"好评中国"网络评论大赛活动聘请我担任评论大赛的评委，相关负责人也邀请我谈一下网络评论的方法论，我写了《写好网络评论，既要有"思想"更要有"方法"》，提出了"九大原则"：（1）批判性原则。（2）重要性原则。（3）独我性原则。（4）专业性原则。（5）情感性原则。（6）聚焦性原则。（7）审美性原则。（8）有效性原则。（9）理解性原则。

这些"原则"，既是经验的凝练，也是评判的标准，还可以作为写作的建议。不然，就像高考作文阅卷一样，密集面对大量的稿件，如何做到用恒定的标准来评选？一次次评选坚持下来，如何看清评选背后的价值谱系？

在评选相关稿件时，我也发现一些参与者存在某种认知误区——似乎评论写作就是写"好评"，就是点赞，就是颂扬，就是说好话。其实，即便对"评论写作"的认知和理解出现很大偏差，也应该有一个底线：评论写作不是简单的点赞，也不是廉价的赞美，更不是听取"好评"一片。否则的话，何为评论？

从操作上讲，评论也属于入门容易精通难。评论写作里有独立表达，也有公共参与，有专业主义，也有点题命题。我曾写过，批判性思维可以算作评论写作

---

* 本文 2023 年 9 月 27 日发表于政邦智库。

的"第一性原理"，秉持问题意识去观察与思考问题，是评论写作的安身立命之本，也是有别于其他文体的关键所在。在好的写作者眼中，评论不是赞歌，不是颂恩，批判性思维是解决"为何写"的问题。

与活动执行方相关负责人交流时，我提到，如果对"好评中国"这个说法进行一番推敲的话，必然会直面一些基本问题：好评中国"好"在哪？好评中国"评"什么？好评视角的"中国"什么样？评论大赛的定位到底是什么？通过评论大赛能有哪些产出？

好评中国"好"在哪？——好评中国的"好"，不少人可能理解为怀着好心好意，评论好人好事，会说好言好语。不错，现实中确实有不少类似的"评论"，但这并非全部，更多的是一般层面的理解。"好"，应该是树立好的观念，采取好的方法，锻炼好的话语，去重新打量这个世界，重新思考日常的生活。

好评中国"评"什么？——作为面向大众的评论大赛，评论的对象要"实"，实际的人，实际的事，实际的现象，而不是空对空，乱说一气。评论的对象要"熟"，对于熟悉的事物、熟悉的事情，可以理性发言，对于日常关注之外，日常经验之外的事情，要谨慎发言。评论的对象要"新"，如果是习以为常的事情，哪怕鸡毛蒜皮，家长里短，最好能有新意，新鲜案例、新颖看法，否则只是为评而评，无甚价值。

好评视角的"中国"什么样？——借助这些获奖评论，希望勾勒出一个舆论场的画像：更加多元，而不是更加极端；更加理性，而不是更加愤激；更加自信，而不是更加浮躁；更加优雅，而不是更加粗鄙；更加克制，而不是更加恣肆。这是一个缩影，整个社会的缩影，也是一个窗口，洞悉时代的窗口。

评论大赛的定位到底是什么？——这个定位，是多层次的，对于政府部门来说，是治理路径的参考，获取民意的渠道；对于网络文化来说，是各方表达的汇集，是公共表达的市场；对于社会教育来说，是思维成长的锻炼，是关怀公共的涵养；对于媒体机构来说，是内容定力的考验，是国际传播的契机。

通过评论大赛能有哪些产出？——允执厥中，功不唐捐。任何一场活动，认真去做，坚持下去，都会有产出、有成效。作为评论大赛，首先，显而易见的是出影响、出品牌，影响日隆，品牌响亮。其次，是出作品、出人才，哪些好的评论能通过这个平台脱颖而出，哪些评论人才能通过这个评选崭露头角。再次，是出理论、出形象，评选能贡献什么样的理论创新，最后又树立什么样的舆论形象。这些，既是评选的软实力，也是核心竞争力。

关于这个问题，评论家马少华老师曾有明确的提炼：（1）评选向整个社会彰显我们这个时代思想认识的水平。（2）评选彰显一个时代的言论自由的限度，并且同时拓展这个限度。（3）评选不仅以获奖作品的具体案例确立好评论的标准，更以评点精到的颁奖词明确表达好评论的标准。

简单来说，从"调研"的视角看，通过评论评选，有助于读懂这个时代的认知水准和观念水位，有助于读懂这个时代的表达尺度与精神风貌。

为什么是"评论评选"？因为评论本来是最直接、最鲜明的价值观念的传递，它最容易被理解与接收，也最容易受到各种"噪音"的干扰。评论文本是一个观察视角，评论文本背后的评选标准，也隐含着"何为好评论"的价值判断。

后 记

AFTERWORD

    自2022年4月启动以来，"好评中国"网络评论大赛为广大网民提供了一个广阔的舞台。在这里，不论职业，也不分行业，更无关年龄、文化层次，网民可以"零门槛"上传参赛作品。而且，这些作品不一定是公开发表过的，也可以是未曾发表的。

    不止于此，在大赛举办期间，基于"好评中国"这一平台而展开的网络评论业务交流，也成为赛事延展的特色之一。一方面，大赛推出了"网络评论方法论"等专栏，邀请了国内从事新闻评论教学与研究的高校学者、负责理论评论栏目的媒体负责人以及广大的网络评论作者，从不同的角度畅谈网络评论的写作方法、心得、体会。

    另一方面，全国范围内围绕"好评中国"，展开了一系列诸如"好的评论作品，何以永远被期待"的交流，似点点星光照见了每一位参与者。这些交流探讨，其实更像一场网络评论价值的"播种"，让如何以理性的观点讲好中国故事，传递网络正能量，成为一种时代共识。所以，"好评中国"是一场全民参与、广泛互动的评论赛事。

    为了沉淀专家学者的观点、方法，以及广大网民的这些智慧、经验，我们编写了这本书。在本书的策划与编写过程中，"好评中国"网络评论大赛的主承办方给予了大力支持，提出了许多指导意见。湖南红网新媒体集团党委书记、董事长贺永祥担任主编，策划并规划了本书的结构框架，审读了全书内容，进行了把关。湖南红网新媒体集团编委、理论评论中心（观潮的螃蟹）主任王小杨主要负责统筹组织书稿，理论部副主任姜媚主要负责整理书稿，"好评中国"红网执行团队的其他人承担了相应的编辑及沟通工作。民主与建设出版社的编辑在出版过程中，不时提出宝贵意见，在此表示感谢。

当然，由于时间仓促，水平有限，书中难免存在纰漏与不足，恳请读者批评指正。

编者

2024年4月